丝
路
百
城
传

"丝路百城传"丛书编委会和编辑部

编委会

主　任：杜占元

常务副主任：陆彩荣

副主任：刘传铭

委　员：（按姓氏笔画排序）

丁　方　万俊人　马汝军　王卫民　王子今

王邦维　王守常　吕章申　邬书林　刘文飞

齐东方　李敬泽　连　辑　邱运华　辛　峰

张　帆　张　炜　陈德海　胡开敏　徐天进

徐贵祥　诺罗夫（乌）　黄　卫　龚鹏程

阎晓宏　彭明哲　葛剑雄　谢　刚

编辑部

主　任：马汝军　胡开敏

副主任：邹懿男　文　芳

委　员：简以宁　蔡莉莉　陈丝纶

THE
BIOGRAPHY
Of
PANAMA CITY

跨洲连洋的沧海明珠

巴拿马城传

余 熙 —— 著

出版说明

2013年，中国国家主席习近平向世界提出共建"一带一路"的倡议。自提出以来，"一带一路"倡议深刻影响世界，逐渐从理念转化为行动，从愿景转变为现实，建设成果丰硕，得到国际社会热烈响应。

古丝绸之路打开了各国各民族交往的窗口，书写了人类文明进步的历史篇章。新时代共建"一带一路"的实践，为沿线国家和地区相向而行、互学互鉴提供了平台，促进了不同国家和地区、不同民族、不同文化、不同文明的深入交流。

城市是人类文明的结晶。"一带一路"沿线的城市中，蕴藏着人类千年的历史、多元的文化和无尽的动人故事。我们希望通过出版"丝路百城传"，展现每座城市独一无二的历史和性格，汇聚出丰富多彩、生动可感的"一带一路"大格局，增进文化交流和文明互鉴。

这是一次前所未有的出版探索，我们虽竭尽全力，也深知有诸多不足。期待这套丛书能够得到读者的喜欢，也期待更多的读者、作者、专家、学者等各界朋友们对我们的出版工作给予指正。

"丝路百城传"丛书编辑部

| 代　序 | 一位公共外交家的责任与担当 / 1 |
| 作者序 | 管窥中美洲地峡之国的"聚光点" / 5 |

第一章　巴拿马城的前世今生

欲说城市，先说国家 / 13

两次独立，"化蛹为蝶" / 16

巴拿马城，怎么这般俊美？ / 19

巴拿马运河："世界桥梁" / 21

曾经是印第安人乐园 / 24

殖民者登陆 / 29

殖民拉锯战，奠定城市首都地位 / 36

美巴战争，国家主权的真正回归 / 39

第二章　逛逛首都巴拿马城

古、老、新三种风貌并存的世界名城 / 45

古城遗址，无声的证人 / 48

巍巍老城区，浓浓古风情 / 52

横跨运河的美洲大铁桥 / 57

新城区"两副面孔" / 59

几家博物馆 / 64

巴拿马总统府的独特景观 / 74

"避税天堂"，名缘何来？ / 81

第三章　城市角落的艺术精粹

多元国民结构，促成文化多样性 / 87

"魔鬼餐厅"的惊悚与魅惑 / 90

木纸彩偶公交车为何受宠？/ 92

花布织就印第安人苦难史 / 95

植物果实变身小型动物 / 98

绚烂璀璨的民族服饰 / 100

第四章　坠入历史泥沼的运河之城

漫漫百年运河史，尽在挣脱奴役中 / 105

外交部会议厅的历史秘密 / 107

西班牙国王，倡导开凿运河第一人 / 110

美国，巴拿马运河的始作俑者 / 112

争夺开凿权之战，硝烟从未散却 / 115

"西瓜之战"，腥风血雨起于青萍之末 / 118

法国李代桃僵，人荒马乱 / 121

美国接手工程，更想攫取主权 / 125

"火山邮票事件"，美国一盘大局 / 127

"国中之国"，催生巴拿马运河通航 / 133

磕磕碰碰的巴美关系 / 135

美军进驻，巴拿马人锥心之痛 / 138

"国旗事件"，反美怒火瞬间点燃 / 141

第五章　亲吻两大海洋的银色"巨蟒"

　　闸口张合，两大海洋的亲密接吻 / 149
　　巴拿马运河，魅力有多"大" / 151
　　"巨无霸"挤不进，"超大号"造出来 / 156
　　超级大船闸的"蝴蝶效应" / 159
　　中国远洋轮，通航典礼唯一通行的礼遇轮 / 161

第六章　旅巴华人一路走来

　　中国人因何而来巴拿马 / 165
　　枕木与华工 / 170
　　"华人冢"与来自中国的拓荒者 / 172
　　华人公墓，诉说旅巴华人奋斗史 / 175
　　曾经的排华恶浪，终被平息 / 179
　　大有作为的巴拿马侨团 / 183
　　华人中流传的几个小故事 / 192

第七章　"一带一路"为中巴关系注入新活力

　　中巴建交，侨社欣喜 / 199
　　"一带一路"牵引中巴命运共同体 / 203
　　中巴合作，续写海上丝路新篇 / 206

代 序
一位公共外交家的责任与担当

2017年6月13日，巴拿马政府宣布与台湾当局断绝所谓的"邦交"，并即刻与中华人民共和国建立正式的外交关系，从而揭开了两国关系新篇章。建交5年多来，两国政治互信逐步增进，务实合作不断深化，人文交流日益丰富。在新冠肺炎疫情中，两国相互帮助、共克时艰。实践证明，中巴建交符合两国人民的长远和根本利益，也有利于世界的和平与发展。我作为当年中巴建交的推动者、见证者和有关谈判的直接参与者，目睹了中巴建交以来双边关系的快速发展和取得的丰硕成果。在喜悦之余，我也时常在想，中巴关系源远流长，之所以能在经历了几十年的耐心等待而最终迎来两国建交的伟大时刻，除了两国政府间的官方努力外，还要感谢那些长期以来默默为推进两国关系发展做出贡献的民间人士，正是他们的长期努力和奉献，为中巴外交关系的建立和发展营造了应有的社会氛围和民间基础。

在这些人士中，首先让我想到的就是我国著名公共外交活动家、长江日报高级记者余熙先生。他基于自身对于国家公共外交的深刻认识和担当精神，自主自费、顶着各项风险和困难，几度赴包括巴拿马在内的一些拉美国家进行民间访问交流，向访问国官方和人民宣传中国的改革开放、发展进程和各项内外政策，了解考察当地的风土民情和文化历史，回国后写作出版了不少具有社会影响力的专著。其中，他曾于2016年和2018年两度访问巴拿马，第一次访问时双方还没有建立外交关系。回国后出版了《约会巴拿马》一书和《你好，巴拿马——余熙巴拿马纪实摄影集》。两次访问中，他都以民间人士的身份，积极在巴拿马官方和民众中讲述中国故事，达到积极的效果。2019年1月，北京的察哈尔学会举办了他的作品推介会，我有幸应邀担任此活动的主持人。

前一阵，他自武汉给我打电话，告诉我又有一部新著《巴拿马城传：跨洲连洋的沧海明珠》即将面世，请我写个序并发来了书稿，我欣然同意了。我用了两天的时间阅读了书稿，一股对余熙先生的钦佩和崇敬感油然而生。他把我曾经工作、生活近9年的巴拿马城，以图文并茂的形式完整、生动地再一次展现在我面前，有很多东西也是我未曾了解或者知之不多的。

作品既有对巴拿马城历史的考察与回顾、对印第安民族文化的探究、对风土人情的介绍、对巴拿马华人华侨历史的总结研究，也有对两国2017年建交庆祝活动以及通过共建"一带一路"续写新时代中巴关系新篇章的描绘和前景展望。应该说，这部作品兼具了政治性、学术性、知识性的特点，对于专业人士和普通读者都具有很强的可读性和吸引力，不失为一部促进中外文化交流、具备公共外交特质的力作。

余熙先生的这三部著作，是中巴建交以来独有的、由中国作家撰著并在我国出版的巴拿马主题专著，它们分别从纪实文学、历史文学、纪实摄影的不同角度，较为全面地展示了巴拿马的国家风貌。其中，著作对华人旅居巴拿马 160 多年历史的追溯、华侨华人对该国经济社会发展所做出的重要贡献，以及中国"一带一路"倡议对提升两国合作水平发挥的作用，都有鲜明而独特的呈现，这无疑对推动中巴间文化交流、增进人民间了解与友谊、促进国家关系发展具有积极的意义。

余熙先生的新作同时让我想到，当今时代我们的确需要大力向世界讲好中国故事，但同时也需要向中国人民讲好世界故事、拉美故事、巴拿马故事。这是一个双向的命题，只有同时向两方面都讲好对方的故事，才能达到真正的成效，才称得上是完整的公共外交。在这方面，余熙先生的确走在了前面，不愧是我国公共外交的"先行者"和一面旗帜。

举国举世瞩目的中共二十大已经成功召开。大会通过的习近平总书记所作的报告指出，今后中国外交的根本任务就是"促进世界和平与发展，推动构建人类命运共同体"。报告中还强调，要增强中华文明传播力影响力，讲好中国故事、传播好中国声音，展现可信、可爱、可敬的中国形象，推动中华文化更好地走向世界；要促进各国人民相知相亲，共同应对各种全球性挑战，同世界人民携手开创人类更加美好的未来。这既是对我国外交战线提出的新使命、新任务，也是对我国公共外交领域提出的新要求、新鞭策。在全面建设社会主义现代化国家的新征程上，公共外交工作同样是使命艰巨、任重道远，也是可以大有作为的。

在本书出版之际，谨向余熙先生致以祝贺，并祝愿他在新时代公共外交的宽广大道上踔厉奋发，勇毅前行，取得更大更多的成就。

王卫华
原中国驻巴拿马代表处代表、欧美同学会留拉美分会会长
2022 年 10 月

作者序
管窥中美洲地峡之国的"聚光点"

《巴拿马城传：跨洲连洋的沧海明珠》，于中国巴拿马建交5周年的历史性时刻，和读者诸君见面了。

在中巴两国共同推进构建新型国际关系、共同参与开放型世界经济大格局的今天，通过出版巴拿马共和国首都巴拿马城的传记，为中国读者深刻认识这一国际性都市洞开一扇新的窗口，我认为，将有助于两国外交关系的新进展，也将有力增进中巴两国人民的了解与友谊。因此，当外文出版社决定把《巴拿马城传》作为管窥这个加勒比国家的"聚光点"，将这一重要撰著任务交给我时，我立即意识到，以城市传的角度辨识巴拿马共和国整个国家，不仅独辟蹊径，更是躬逢其势、适逢其时。

巴拿马共和国是对全球经贸有着重要影响力的拉美国家，也是中国在拉丁美洲和加勒比地区拥有一个半世纪交往史、建交时间虽短但经济合作历久弥新、外交关系发展迅猛的友好国家。

早在160多年前，中国人开始移民巴拿马，两国民间交往由此渐次推进，传统友谊当谓源远流长。自 2017 年 6 月 13 日中巴两国正式建交以来，双方的政治互信日益深化，友好关系呈"井喷"态势发展。特别是中方提出的"一带一路"倡议与巴拿马"2030 年国家物流战略"高度契合，巴拿马很快就成为最早同中国签署共建"一带一路"谅解备忘录的拉美国家。目前，两国关系正以共建"一带一路"为引领，在各领域、各层级都保持着高水平的交往与合作。中国是巴拿马运河的第二大用户，也是科隆自贸区的第一大货物供应国。两国业已同步启动经贸、投资、质检、海运、民航、金融、旅游、文化、司法等各领域合作。巴方也乐意搭乘中国经济社会发展的"快车"，期望能实现丝路与运河的海上对接，为"一带一路"倡议向拉美延伸发挥关键作用。

在此基础上，巴拿马城一举变身为"21 世纪海上丝绸之路"向拉美延伸的，天然、重要的承接地与桥头堡。中方合作的光束也正通过巴拿马城向拉美和加勒比地区广泛辐射。目前，两国正在共同努力，充分发挥各自优势与潜力，深化合作，携手发展，共创繁荣，并肩推进普惠、包容的经济全球化与贸易、投资自由化和便利化。

本书是我继已在中国出版的长篇纪实文学《约会巴拿马》《你好，巴拿马——余熙巴拿马纪实摄影集》之后，再度描写巴拿马及其首都巴拿马城的专著。只是本书更多地把视角放在了首都巴拿马城上，力求从一座城市的故事，映射一个国家。通过对巴拿马的深入采访，以及两本巴拿马著作出版后在巴拿马读者中的反响可以看出，这个国家不同阶层的国民，对了解中国都有着愈来愈热切的期盼与渴望。能为这座世界名城立传，并有幸在中巴两国建交 5 周年之际出版第三部巴拿马主题专著，我备感欣慰和荣幸。

我们应如何看待这座首都之城？

巴拿马城是一座具有坚韧顽强性格的城市。

19世纪以前，巴拿马城以及它的每一位居民，面对殖民列强都能做到自强不息、不甘屈服。1903年，它虽然是在美国的支持下才摆脱哥伦比亚并获得独立，但随后在面对美国的"胡萝卜加大棒"政策时，依然能够不畏威胁和利诱，特别是在为夺回巴拿马运河主权和管辖权的顽强抗争中，巴拿马城人民不惜以鲜血为代价进行抵抗，并且终于在1999年12月31日收回了自己国家对运河的主权。

今天的巴拿马，其主权依然高度独立，在对外关系上奉行中立、不结盟的外交政策。它主张和平共处、尊重人权和可持续发展，坚持通过多边主义化解国际冲突，主张依靠联合国的作用化解地方冲突。而这些，又与遥远中国的许多外交理念不谋而合。至于其首都巴拿马城的社会文化，也一向呈现多元和丰富性，它的面积虽小，但有足够宽阔的胸怀，从容接纳世界各国访问者带来的不同文化。

巴拿马人普遍地不熟悉中国，平时在本国主流媒体上也鲜有对中国的报道。因此，当我访问巴拿马，向他们讲述中国的故事时，他们竟是那么地兴致盎然、新奇有加。以至于我在访问巴拿马期间，以及在撰著巴拿马各本新书的过程中，不断焕发出的采访和创作激情，有时令自己也感到有些惊讶。我不断地警醒自己，切莫以为中国已稳居世界第二大经济体位置，就认为这世界一定会像熟悉第一大经济体那样熟悉我们。这也使我在对巴拿马民众介绍中国时，充满热情但又审慎，一再地力求真实、准确、客观和实在。我认为，帮助巴拿马人民了解中国，不仅有助于巴拿马人民对世界的整体认知，更有助于中国在巴拿马树立良好的国家形象，从而能有效助力中国在真正意义上更快地融入世界。

在巴拿马社会各界人士，特别是在中国外交部拉丁美洲和加勒比司、中国驻巴拿马大使馆的热切支持下，我努力突破公共外交带来的天然局限与"瓶颈"，将大部分时间都用于对首都巴拿马城的探访和考察上，还两次踏入深山老林，与世代蜗居于此的印第安原始部落的老少原住民零距离接触。

此外，我一向认为，"公共外交就是要影响有影响的人"。因此，我注重与巴拿马各级官员，如巴拿马共和国总统胡安·卡洛斯·巴雷拉、国家旅游部的部长古斯塔沃·西姆等政府官员的交流，也频繁接受巴拿马权威日报《巴拿马之星》等报社和多家电视台、新闻网站的采访，还在巴拿马大学孔子学院、巴拿马中文学校、奇里基省等各种场合举办演讲会，向巴拿马人民讲述中国的故事。

为了把巴拿马城这一闻名遐迩的国际大都市解读得更加精准、立体和生动，我搜集了大量素材，力求在本书中将首都城市的历史沿革、多元文化和风土民情准确细腻地描摹出来。为了使本书在跨文化研究和公共外交上发挥应有的价值与作用，我也注重对巴拿马城重要文化艺术景观进行了指向性较强的描写，以此凸显其文化交流层面的意义。随着愈来愈多的中国游客前往巴拿马，本书或可成为中国人了解巴拿马城的一本指南手册。

在巴拿马城，民间交往通常能先行一步且大受欢迎。通过公共外交的方式开展文化交流、媒体交流、艺术交流，愈来愈适宜与各类对象国交流时需要。这种模式官方容易接纳，社会容易普及，媒体容易报道、民众也容易融入。

今天，我用这部小书，记述着巴拿马共和国和其首都巴拿马城的故事，记述着中巴两国 160 年来漫长的交往历史，也记述着建交 5 年来中巴国家关系掀开的新篇章。在中巴建交 5 周年之际，让我们以更加欣慰和期待的心情，相互携手，展望未来，为两国新型外交关系的发展再做出新的贡献。

余　熙

2022 年 8 月 2 日于武汉市

The
Biography
of
Panama City

巴拿马城 传

第一章

巴拿马城的前世今生

欲说城市，先说国家

巴拿马城，是巴拿马共和国的首都，若想了解巴拿马城，不妨先说说巴拿马这个国家。

巴拿马共和国，是一个位于南美洲与北美洲交界处的国家，在北纬7°至10°之间，西经77°至83°之间。它坐落于中美洲的巴拿马地峡上，国土呈"S"形，东连哥伦比亚，南濒太平洋，西接哥斯达黎加，北临加勒比海。其国土面积为7.55万平方公里，长度是772公里，宽则在60至177公里之间，海岸线长2988公里，陆界线长555公里，全境地势起伏，沟壑纵横，除南北沿海平原外，多为山地。

巴拿马地近赤道，属热带海洋性气候，白天湿润，夜间凉爽，年平均气温23—27C°。全年分旱、雨两季，年均降水量1500—2500毫米。巴拿马的达连国家公园，被称为世界上最纯洁的公园，这里从未被人类开发和打扰，依然保持着地球上最原始的森林风貌。

巴拿马有大小河流500余条。其中临近首都的加通湖，是世界上最大的人工湖，面积430平方公里，湖中还有人工岛，在这里的湖滩上可以晒日光浴。巴拿马因历史上受西班牙长期殖民，生活习俗和西班牙大同小异，因此在这里裸晒和裸奔都是合法的。我乘船游览过加通湖，虽然没有见到裸泳者，却发现湖岸的浅沼和泥滩上，爬满一条条瘦小的鳄鱼仔，船主还随手抓起一条小鳄鱼让我轻捏以感受一下。

身着印第安民族服饰的部落青年女子

截至2021年，这个国家的总人口为416万人（世界排名第131位），其中印欧混血种人占65%，主要是西班牙和印第安人的混血，其他依次为非裔12%、欧裔10%、华裔7%、印地安人6%。其官方语言为西班牙语，但当地人大多熟悉美式英语。

早在1907年，巴拿马即与中国的清政府建交，双方互相设立了公使馆。当时旅居巴拿马的华裔占巴全国总人口的10%，大部分都是19世纪前来打工的华人劳工及其后代。巴拿马虽然是个弹丸小国，可旅居该国的华人华侨人数众多，目前已超过30多万人，且半数以上是在中国改革开放以后从中国广东等沿海地区移居而来的。华侨华人的比例之高，在南美洲比较罕见。

巴拿马国内法定货币为巴波亚和美元，两种货币等值，它也是世界上第一个除美国以外使用美元作为法定货币的国家。

巴拿马工业不发达，经济以旅游、金融和贸易为主。巴拿马的科隆自由贸易区是仅次于香港的世界第二大自由贸易区，是拉美贸易的集散地、转口中心，世界各地的货物进出科隆自由贸易区均为免税。

巴拿马贫富差距比较大，75%的财富掌握在3%的人手里。国内既有富得流油的中产阶级，也有穷得吃不上饭的贫民。在巴拿马看病，公立医院只收取少部分费用甚至是免费的，但预约时间较长；私立医院则费用高昂，仅挂号费就需要100美元以上。

巴拿马的国庆日为11月3日（以1903年从哥伦比亚独立出来的日子为纪念日）。巴拿马国旗是由巴拿马第一任总统曼努埃尔·阿马多尔·格雷罗设计的，这也是世界上唯一由首任总统设计的一面国旗。巴拿马的国歌也比较特殊，分有一正一副：正国歌是《地峡颂》，在国际场合使用；副国歌为《副歌》，多在民间使用。

巴拿马国家的政治体制是单一制共和国，国家实行总统制和多党制。总统为国家元首和政府首脑，由直接普选产生，任期5年；现政府由13名部长和其他官员组成；国务委员会是协商机构，由总统主持，对总统或立法议会议长所提出的事务进行协商。国家的行政权由总统在内阁协助下行使；立法权由立法议会行使，议员由直接普选和各政党提名产生，任期5年；司法权由最高法院、高级法院、基层法庭行使，最高法院大法官由总统任命，经内阁批准，任期10年。国内没有军队，只有少量的警察维护治安，多数为女性警察。

两次独立，"化蛹为蝶"

在印第安语中，"巴拿马"意指"蝴蝶之国"。为了摆脱西班牙殖民统治，巴拿马这只色彩斑斓的"蝴蝶"，曾历经两次独立，才使国家"化蛹为蝶"，实现真正的独立。

第一次是1821年11月28日的巴拿马地峡独立。何谓"巴拿马地峡"？即巴拿马国土中央最为狭窄之地。正是在这片重要的土地上，崛起了后来的首都巴拿马城。领导这次独立运动的领军人物，是大名鼎鼎的西蒙·玻利瓦尔。他率领革命军在博亚卡大败西班牙殖民军，解放了新格拉纳达，从而促成了巴拿马地峡的独立。

第二次独立，是在1903年11月4日，由巴拿马城举行群众大会宣布巴拿马共和国的独立。曼努埃尔·阿马多尔·格雷罗担任了这个新共和国的执行委员会主席和第一任总统。

就在19世纪第一次宣布巴拿马地峡独立时，地峡便面临着3种选择：这片地峡是独立成国，还是继续留在哥伦比亚共和国内（当时由现哥伦比亚和委内瑞拉组成），抑或是与秘鲁或是墨西哥合并？

被誉为"拉美解放之父"的西蒙·玻利瓦尔画像

结局是，巴拿马地峡被合并为哥伦比亚共和国的一部分，再加上后来加入的厄瓜多尔，最终组成了由今天的委内瑞拉、哥伦比亚、巴拿马和厄瓜多尔"四合一"的大哥伦比亚共和国。

但没过多久，在19世纪30年代，大哥伦比亚共和国再次分裂成3个国家，即1830年委内瑞拉和厄瓜多尔分别独立。1831年，哥伦比亚又改名"新格拉纳达共和国"，直至19世纪60年代才重新改回"哥伦比亚"这一名称。而此时的巴拿马地峡，却依然是哥伦比亚的一部分。在这一时期，巴拿马地峡曾经3次试图脱离哥伦比亚，但均未成功，直至19世纪40年代末，巴拿马才以其独特的地理优势，迎来了新的生机与活力。

然而，此时它却又遭受到了美国的强烈觊觎。

1846年至1848年，美国通过美墨战争攫取了加利福尼亚后，史上著名的"淘金热"便开始。北美大陆东部的人们为了抵达大陆西部太平洋沿岸，往往会南下巴拿马地峡，通过水路前往加利福尼亚，而不愿横跨漫长且危险的北美大陆平原或山地。为了保持并拥有这条道路的通行权，1846年，美国政府与哥伦比亚（新格拉纳达）签订条约，使美国获得了巴拿马地峡的通行权。

1847年，由纽约金融家们组成的"巴拿马铁路公司"获得了在巴拿马地峡建设新的铁路线的权利。1850年，巴拿马铁路正式开工，于1855年1月正式通车。美洲第一条连接太平洋和大西洋的铁路由此诞生。而巧合的是，铁路的运行方向与后来修建的巴拿马运河几乎并行。

从19世纪50年代至60年代的20年间，淘金热带来的地峡交通运输繁盛，并强烈刺激了巴拿马地峡的经济发展，其间通行地峡的人数，从大西洋去太平洋的高达37.5万人，从太平洋到大西洋的约22.5万人。

如此火爆的通行旅客，为巴拿马地峡的食品、住宿等第三产业带来了空前的利润，促使地峡中心地带很快就具备了最为成熟的城市形态。

就在这时，巴拿马的国家中心城市、也是候选的首都城市——巴拿马城，呼之欲出。[1]

---

[1] 参见汤小棣、张凡：《列国志：尼加拉瓜 巴拿马》，社会科学文献出版社，2009年版，第248—250页。

巴拿马城，怎么这般俊美？

首都巴拿马城，是巴拿马共和国政治、经济及文化中心，也是中美洲的金融中心，位于巴拿马共和国的地峡中部，阿苏埃罗半岛以东的海湾之侧，濒于巴拿马运河太平洋端的入口东部。

它属于UTC-5时区，这里雨季（5—12月）气温为23—32℃，旱季（1—4月）气温为21—31℃。它的东西最宽处约185公里，南北长161公里。这里的海岸被割成若干小海湾，东有圣米格尔湾，西是帕里塔湾，北为巴拿马海湾。海浪平缓的巴拿马湾背靠安康山谷，那道享誉全球的蜿蜒运河，也正沿着山边缓缓流过。远远望去，这座首都之城依山傍海、色泽斑斓，建筑错落有致，现代感极强。每当夕阳西下，绯红的落日晚霞便将它绵延伸展的天际线映衬得辉煌多情，诗意满满，令人流连……

登上城市西郊的安康山，放眼四望，近处那些古香古色的教堂、城堡与式样新颖的现代建筑交错相间，绿树掩映，花草簇拥，条条街道笔直宽阔，整个城市显得整整齐齐、壮丽典雅。

隔海眺望美丽的巴拿马城

远处巴拿马运河上的船只进进出出，机声隆隆，汽笛清脆；辽阔的巴拿马湾波光粼粼，无边无际，令人心醉，犹如一幅自然画卷在人们眼前。每当夜幕降临，港口那些等待通过运河的船只依次而泊，灯火通明，倒影摇曳，绵延数公里，酷似意大利的威尼斯水城搬到了美洲大陆上。

巴拿马运河:"世界桥梁"

说起巴拿马城,一个永远也绕不开的名词就是:巴拿马运河。

巴拿马运河,与生俱来与巴拿马城的命运紧密相连。

自19世纪后半叶以来,一部巴拿马的国家发展史,便无时不刻地与这条运河的凿建和通航历史相交织。巴拿马运河的命运,也时时在与巴拿马国家的兴衰命运同频共振。

巴拿马运河之于巴拿马城,为什么如此重要?

简单地说,这道运河是唯一能将整个美洲大陆拦腰切断的一把"利剑"。由于有了它,北部的大西洋与南部的太平洋才能跨越美洲大陆的阻隔,实现畅通相联。如果没有这条运河,想要坐船从太平洋到对面的大西洋,只能经过最北面的白令海峡或经过最南面的麦哲伦海峡,不管是走北面还是南面,都需要绕上1万多公里的海路。这也使得它能拥有独一无二的"世界桥梁"之美称。

巴拿马运河属于水闸式运河,由美国建造并完工。它于1914年开始通航以来,就一直承载着北美大陆与其他大陆之间无比繁重的物流航

巴拿马运河通航前后百年间（1907年和2012年），巴拿马城的城市景观对比图。

具有"世界桥梁"之称的巴拿马运河，远洋货轮正在驶入运河闸口。

运联通之责。这条运河从北侧到南侧两端的海岸线,长度约为65千米,而由加勒比海的深水处至太平洋一侧的深水处约有82千米,最宽处达304米,最窄的地方也有152米,因此可以适应任何大型远洋货轮的通行。

从此,它便成为了这个国家无法比拟的最大"金主"。运河年均可为巴拿马带来数十亿美元的过河收入。当然,运河自1914年通航起直至1999年的85年间,过河费一直被美国所收取。正是在巴拿马政府和人民的不懈斗争和争取之下,今天巴拿马运河的所有权才终于归属于巴拿马共和国所拥有。

正如巴拿马历史学家玛丽萨·拉索在《被抹去的历史:巴拿马运河无人诉说的故事》一书里所言:"这里有一条'没有巴拿马人的运河!'"

作家此言,一语中的!

曾经是印第安人乐园

与世界不少历史名城相比,巴拿马城的建城历史并不久远,但它辗转腾挪的社会变迁史却不容小觑。

它的历史多从16世纪开始被记载。

今天的巴拿马城,是由古城、老城和新城三个城区组成的。古城和老城,在西班牙语中,"古"与"老"共用一个词"viejo"。这三个城区连为一体,其地理位置的排序当为古城、新城、老城。有人把巴拿马城三个城区的自然区位比喻成一个哑铃,中间的手柄部分是新城,它将东西两头的古城和老城连接起来。这个比喻既形象又简洁,一点就通。

巴拿马城原为印第安人渔村,起源于16世纪西班牙探险家抵达中美洲之时。此前,整个巴拿马国土上只有印第安人部落在散居着。

从1513年开始,西班牙帝国开始入侵位于现属秘鲁的印加帝国,今天的巴拿马城地区便是殖民者登陆的起始港口和基地。此后,这片土地逐渐成为当时欧洲人在美洲新大陆的重要贸易中心之一。

1513年,航海家巴尔沃亚从美洲中部大陆的一座山上察看地势时,忽然在望远镜里看见了太平洋，马上意识到这块地方在地理上具有重要意义，便星夜兼程来到太平洋畔，选择一个渔村作为立足之地，陆续修建了一些房屋，并且沿用当地印第安人的称呼叫做"巴拿马"，这便是巴拿马城的前身。

1519年，西班牙王朝派佩德罗·阿里亚斯·德阿维拉到这里任总督。他到任后，便大兴土木，将渔村扩建成城镇，宫殿、监狱、公园、商店、医院也相继出现。这就是如今的古城城区，巴拿马城的城市雏形随之显现。

在随后的一段岁月里，巴拿马城成为西班牙殖民者奴役美洲印第安人的基地和从事宗教活动的中心，也是西班牙殖民者在美洲搜刮财富、贩卖黑奴的集散地。西班牙殖民者将从四面八方掠来的大量金银珠宝集中在城里，然后转运到西班牙本土。

然而，巴拿马城的大量财富，也自然引起了海盗的垂涎。直至17世纪，英国海盗摩根一炬焚毁了古城。

那是在1671年。英国海盗亨利·摩根用武力攻入巴拿马城并在洗劫一空后，纵火将整个城市烧为废墟。这片废墟的部分残骸被保留至今，远远看去，几幢依然留有黑烟熏染的高高的城堡孤零零矗立在海滨的高地上。它的旁边，设有一溜小巧的历史博物馆建筑。

1673年，巴拿马人只好在古城遗址以西约8公里处重建巴拿马城，即为如今的老城区。直至1903年巴拿马脱离哥伦比亚宣布独立之前，这座老城区一直是巴拿马的中心城区。就是这座老城区，浓缩着巴拿马城的全部城市精华，它也是100多年来旅巴华人的主要栖息之地。

谈及巴拿马城的历史，离不开对这片土地最早主人的辨识与认知。

早在15世纪末，整个巴拿马地区约有50万印第安人，他们分属60

印第安部落村民表演传统歌舞

个部落，其中最大的印第安部落为库纳人、圭米人和乔科。这些印第安原住民来自巴拿马周围的国家和地区，如圭米人源自毗邻的哥斯达黎加高原地带，其祖先与墨西哥和中美洲印第安玛雅人有着亲缘关系；乔科人则与哥伦比亚的奇布查人广泛联姻；而人口最多的库纳人，主要分布于巴拿马地峡东部加勒比海岸和深山密林里。

当年散居在这片土地密林深处的印第安原住民，并非如现代人所想象的那样，似乎尽是些赤身裸体、群居混婚的蛮夷之族，其实它们已经是一个个具备近代人类文明的群落了。例如，在印第安人土著部落内实行着土地公有制度，大家共同劳作，共同御敌；印第安人还种植着玉米、棉花、可可、蔬菜、水果等植物。更有一些技艺高超的匠人，如金匠、银匠、石匠、陶工等手工艺人，为土著部落创造着剩余价值。

应该说，在西班牙探险家到来之前，来自不同地区、不同部落的、皮肤黝黑、身躯中等偏矮的印第安原住民们，日出而作、日落而息，常年平静地生活在祥和、安宁的丛林中。千百年来，这片土地一直是巴拿马印第安土著的宁馨憩园。

然而，就在1501年，这一宁静状态被永远打破！

第一名西班牙不速之客的双脚，踏到了巴拿马地峡的泥土上。此人就是来自塞维利亚的一名富有的公证员罗德里戈·德·巴斯蒂达斯，被史上证明是第一个进入巴拿马地峡的西班牙探险家。

墨西哥作家、诗人阿尔丰索·雷耶斯1931年在描写欧洲殖民者与美洲印第安人的相遇时，曾经形象地写出，美洲人无论从体质上还是道德上都无法抵抗与欧洲人的相遇，他们与来自欧洲的，身穿铁甲，手持火药、子弹和大炮，骑在马背上并在基督支持下的人发生碰撞，这是水罐与大锅的碰撞。水罐可能很好，也很漂亮，却是最易碎的。

中国学者张青仁也指出，商业文明的持续发展改变着土著社会。从土地的种植、家畜的养殖、农庄的营生再到小酒馆的生意，嫉妒出现在土著社会的各个角落，邪恶的精灵开始浮现，对人们的生活持续产生着负面的影响。天主教将"恶魔"的出现归因于土著逝者的"邪恶之风"，他们力求通过魔鬼叙事的建立，强化天主教在清除邪恶力量中的正面形象。然而，"邪恶之风"的发明却强化了土著人的魔法效应，土著人的"邪恶之风"从神话变成了现实，甚至强大的殖民者也不得不依靠这一力量完成疾病的治愈。在对土著人邪恶形象与魔法能力的生产中，能进一步看到殖民者与土著人阶序关系的建立，以及在这一过程中魔法幻想与种族主义的紧密化，及其背后伪装的历史霸权与充满压迫、征服感的统治秩序。然而，无论是对土著人身背重物、穿越被称为"猴道"小路的讲述，抑或是对其魔法能力的渲染，殖民者总以一种荒诞至极、神秘至臻的方式予以呈现。这一离奇、夸张的渲染在很大程度上悬置了殖民等级的残酷性，为其平添了几分迥然相异的黑色喜剧性与张力感，具备着殖民诗学的意味。[1]

上文说到的罗德里戈·德·巴斯蒂达斯来到这里后，意外发现居住于巴拿马地峡的印第安人，都乐于佩戴各种美丽的装饰品，其中还有用稀有金属制成的金箔、耳环和胸铠……这位探险家大吃一惊——莫非我发现了"黄金之城"！

第二年的1502年，大名鼎鼎的探险家克里斯托弗·哥伦布在第4次新大陆远航之时，也在这一地峡的几处海湾登陆。其中巴拿马的波托韦洛城还被哥伦布命名为"美丽之城"，这个名字一直沿用至今。

至此，西班牙人开始成规模、成建制地进入了巴拿马。

---

[1] 张青仁：《拉丁美洲的萨满教：断裂的文明与打碎的罐》，《读书》，2021年第11期。

殖民者登陆

西班牙殖民者登陆巴拿马以后，对这片土地既有践踏，也有源自欧洲文明的某些建树。

1510年，曾于9年前跟随罗德里戈·德·巴斯蒂达斯探险的西班牙人巴尔沃亚，又偷偷乘船从海地来到了巴拿马地峡。

登陆不久，能言善辩、举止得体的他，一举赢得早年来此居住的西班牙人的信赖，他随即被这里的西班牙人推选为西班牙王室在地峡建立的第一个城市的市长。巴尔沃亚制定了新的政策，即西班牙拓殖者须自行种植农作物，而非单纯依赖船运供给。同时，作为征服者，巴尔沃亚对当地印第安部落实施了抢劫。

毕竟地峡区位狭窄，在本地抢劫直至无甚油水以后，巴尔沃亚又率领190名西班牙人和1000名印第安人组成新的探险队，在原始森林里跋涉了25天，纵贯地峡的南北两端。当太平洋那片蔚蓝色无边的海水呈现在眼前时，身披铠甲的巴尔沃亚跳入水中激动地大声呼喊："这片大海和沿岸的土地，都为上帝和西班牙国王所有！"

巴尔沃亚对历史最大的贡献在于，他先知先觉地探明了地峡是太平洋和大西洋之间距离最短的通道，于是他最早预见到地峡将可能凿建贯通两端的巴拿马运河通道。

就在巴尔沃亚在巴拿马为西班牙王室攻城掠地、屡建功勋之时，国内他的政敌却在西班牙国王斐迪南二世面前对他大加诋毁，致使斐迪南国王任命新的殖民地地方长官佩德罗·阿里亚斯·德阿维拉前来取代了巴尔沃亚。

有"残酷的佩德罗·阿里亚斯·德阿维拉"之称的新任长官，一到任，就指控巴尔沃亚犯有叛国罪，并于1519年将他逮捕并处死。

佩德罗·阿里亚斯·德阿维拉执政以后，采取了愚蠢而残暴的统治手段，使成千上万的印第安人被杀戮和劫掠。更有大量印第安人因不具备天然的免疫力，被这些殖民者所带来的各种疫病感染而成为牺牲品。遭到灭顶之灾的印第安原住民，视西班牙人为魔鬼和寇雠，纷纷逃离至南美洲中部海拔较高、密林更深处的偏远地区。

在这种恐怖的时代，有一个人值得铭记——他就是神甫巴托洛梅·德拉斯·卡萨斯。此人是西班牙王室委派至西印度群岛的第一位神甫。他目睹印第安土著居民遭受残酷虐待和屠杀，不禁义愤填膺。于是，他首先解放了自家的奴隶，并返回西班牙说服西印度委员会颁发禁令，禁止变当地的印第安人为奴隶。西班牙王室西印度委员会被他所说服，果真颁布了法令：印第安人可以受到基督教的保护并皈依基督教。这一法令，使得生活在地峡的印第安人的悲惨境遇得到了一定的改善。

然而，还是这位巴托洛梅·德拉斯·卡萨斯神甫，却又向西班牙王室西印度委员会提出了另一项后来饱受诟病的提议——通过贩运被西班牙人视为低人一等的非洲人，来取代印第安人为奴隶。1517年，查理五世国王采纳这一建议，特许安的列斯群岛可以从非洲运进4000名黑奴。这一事件，拉开了长达两个多世纪的贩奴贸易的黑色帷幕。[1]

在贩运黑奴的历史时期，巴拿马城是美洲大陆贩运奴隶的重要集散中心。起端于神甫巴托洛梅·德拉斯·卡萨斯建议的贩卖黑奴贸易，几乎湮灭了他曾经解放印第安土著奴隶的功绩，使历史对他的评说毁誉参半。

美国历史学者谢里尔·E·马丁和马可·瓦塞尔曼在两人合著的《拉丁美洲史》中写道，从16世纪起，大量欧洲移民和非洲奴隶的到来，使得美洲一个新的社会逐渐形成。而巴拿马地峡，作为连接南北美洲大陆的中心位置，其重要性日益凸显。[2]

西班牙殖民者在美洲大陆建设殖民地社会的进程中，"生态征服"遂成为改变印第安土著居民千百年来生态环境的首要征服形式。来自于欧洲的天花、麻疹、流行性感冒、鼠疫和斑疹伤寒等疾病，严重瓦解了土著人的传统社会形态。

然而，欧洲人也带来了土著人从未见过的动物，如马、牛、绵羊、驴、山羊、猪、鸡等。在16世纪末，生长于欧洲的苹果、柑橘、梨和李子等水果，也开始在美洲大行其道，而气候足够温暖的巴拿马，更是盛产这些水果的绝佳之地。

伴随"生态征服"而来的，还有西班牙人带来的先进的社会管理制

---

[1] 参见汤小棣、张凡：《列国志：尼加拉瓜 巴拿马》，社会科学文献出版社，2009年版，第242—244页。
[2] 参见[美]谢里尔·E·马丁、马可·瓦塞尔曼著，黄磷译：《拉丁美洲史》，海南出版社、三环出版社，2007年版，第67—99页。

度。在巴拿马,西班牙殖民者实行了"监护征赋制度"[1],而这种制度的直接受益者就是殖民者的管理阶层。以探索和征服为目的的早期殖民者,从某种意义上来讲,可谓建树巴拿马文明社会的"奠基人"。

对巴拿马的"精神征服",是殖民者的又一种行之有效的统治方式。西班牙王室要求巴拿马土著人皈依罗马天主教,并且要求"这种皈依必须是彻底的"。在早期,这种传播基督教的努力是非常艰难的,传教士必须利用图画、手势和借助当地翻译等方式才能进行传教。而巴拿马土著民,虽也早已习惯了接受征服者的神和割礼制度,却又不太愿意放弃他们固有的神祇和习俗,从而为基督教的传播带来了各种各样的困难。

1521年,南美大陆的第一位天主教主教,将主教管区的大本营从达连迁到了巴拿马城。这位主教是当年随佩德罗·阿里亚斯·德阿维拉来到新大陆的。由于那个时候天主教在殖民地具有至高地位,因此,主教管区的设立为巴拿马城变身为美洲新大陆的重要文明城市奠定了政治和宗教基础。

在最为关键的16世纪殖民文化兴起的时代,殖民者在拉丁美洲兴建了两大政治首府:墨西哥城和利马。而地处美洲中部地峡的巴拿马城,其时仅为贩奴的交通转运中心,在政治上的重要作用尚未显现。

巴拿马城进入历史上最为鼎盛的发展黄金期,是进入17世纪以后。

在巴拿马城的港口和市场,商人们自由采购来自欧洲的各色商品,然后将其辗转销售到中南美洲太平洋沿岸的各个国家。得益于流通便利

---

[1] "监护征赋制度"是西班牙王室在美洲进行殖民活动时用来管理和统治印第安人的一种主要的法律体制。在监护征赋制下,西班牙王室授予个人特定数量的印第安人并要求对这些印第安人负责。理论上而言,得到授予的人需要保护自己管辖的印第安人免遭战乱部落的侵害,并向他们传授西班牙语和天主教信仰;作为回报,他们可以要求印第安人为他们劳动、收集金银,或其他物品。实际上,监护征赋制和奴隶制别无两样。许多印第安人被迫去做高强度的劳动,如果反抗的话,将会面临极其残酷的惩罚甚至是死亡。

的区位优势，巴拿马城一举发展成为与墨西哥城、利马相齐名的美洲三大富庶名城。

巴拿马城的港口，就是欧洲人在美洲建立的时间最早、规模最大、且最富于历史感的太平洋港口。从16世纪开始，庞大的大帆船船队、骡马运输队便是这座城市每日不可或缺的常客。这种繁荣局面一直持续到19世纪接踵而来的蒸汽船、铁路、电报等先进业态的出现。

在长达4个世纪的时间里，巴拿马城一直扮演着早期是白银、奴隶和纺织品，今天是石油、汽车和其他工业产品的繁荣忙碌的集散地的角色。

地域优势和经济发展，也在很大程度上影响并造就了巴拿马城居民独有的文化形态。巴拿马城居民的生活习惯和语言方式，都与其他西属美洲国家居民不太一样。在这里，似乎更加国际化和现代化了。

1823年，法国探险家加斯帕德·莫利安发现，巴拿马人、特别是巴拿马城的居民，与他所熟知的哥伦比亚安第斯山脉地区居民很不一样，而是更加接近于海洋贸易发达地区的马尼拉和利马等城市的居民。他还发现，巴拿马人具有学习外语的天赋，很多人能够说一口流利的英语和法语。

巴拿马城与相毗邻的巴拿马港口，两地关联十分密切。站在巴拿马城的城墙头，就可以看到缓缓驶入巴拿马港口的一艘艘远洋轮。在殖民时期，西班牙人执掌的海关就设在巴拿马城的"海之门"一侧，而巴拿马城的大教堂、主广场和市议会，就位于离巴拿马港口相距两个街区的位置。法国运河公司和英国电报公司的办公大楼，更是设于巴拿马城的市政大楼和总督府邸附近。也就是说，巴拿马城与巴拿马港口事实上已经融为一体了。

始建于18世纪的西班牙殖民者总督府，至今保存完好。

从16世纪开始的西属美洲（包括19世纪以后才独立成为国家的巴拿马），在长达4个多世纪的历史长河里，虽然历经千变万化，但巴拿马城是中美洲地峡走廊权力中心的位置，一直稳稳当当，没有丝毫动摇。[1]

可惜，进入18世纪以后，巴拿马的国运开始呈现颓势。

西班牙试图垄断西属美洲贸易，愈来愈限制了西班牙殖民者攫取利益的空间。西属美洲本土殖民者中的许多官员和商人，愈来愈欢迎来自英、法、荷等欧洲列强的廉价商品。于是，走私贸易层出不穷，逐利的商人们宁可在外海或诸多港口偷运外国商品，也不愿意从西班牙官方设

---

1 参见[巴拿马]玛丽萨·拉索著，扈喜林译：《被抹去的历史：巴拿马运河无人诉说的故事》，广东人民出版社，2021年版，第19—24页。

立的海关和集市购买商品。再加上由早年欧洲列强指使派遣的海盗虽然日渐减少，但新一代"无国籍"海盗依然不时骚扰着商业运转。更有土著的印第安部落此起彼落的多点起义，为动摇西班牙人的统治点燃了一根又一根的导火索。

致命的打击终于来临。1739年，英国在这块地峡上正式向西班牙殖民政府宣战。一支英国军队占领并摧毁了巴拿马另一个港口城市波托韦洛城，巴拿马地峡贸易通道的命运就此完全改变。18世纪下半叶的巴拿马城，不再是昔日繁忙的贸易港口，而成为了西属新格拉纳达总督辖区偏安一隅的宁静港湾。这座港口的重要性已经荡然无存，不仅少有货物吞吐，就连殖民者自己需要的粮食也得从他处寻觅。

殖民拉锯战，奠定城市首都地位

19世纪初，西属美洲的独立运动风起云涌。

起初，巴拿马并未卷入这一革命的大潮。但由于它不可替代的区位优势对各方太具吸引力，很快就被各方视为斗争的砝码。

地形狭小的巴拿马共和国历史演进的过程，以及伴随它演进发展的首都巴拿马城，在19世纪的大多数时间里，一直是世界现代政治的先锋与象征。当时的巴拿马城，也是世界上为数不多的几个以共和主义为主要政治形态的地区之一。1868年，墨西哥一位历史学者就认为，巴拿马城的形成，标志着民主概念并非是由欧洲传到美洲大陆的，而是由墨西哥人和其他美洲人输出到西方的。当时，一个不容置疑的观点是，西属美洲可以缔造现代共和体制和民主政治。

但是，自从美国在地域狭小的"地峡之国"开凿起巴拿马运河，并且从西班牙殖民者手中"接管"这个国家之后，巴拿马城开始进入新的历史时代。

正是这个"新的时代"，令拉丁美洲早年在西属共和政治史上扮演过的先驱角色逐渐被人遗忘。巴拿马和其他西属美洲国家一样，在现代政治学领域，一再地被人视为落后于欧洲和美国的、需要重新启蒙的蒙昧国家。而重视被人忘怀的西属时代，它是在体制上吸收了西班牙共和制度、并曾经以当时的民主制度而领先于南美多国的国家。

巴拿马历史学家玛丽萨·拉索曾经对此发出了疑问，一个缔造民主之地如何被改换成抄袭其他民主政治创新的地方？

巴拿马国家独立的历史过程以及巴拿马城的形成与发展，与巴拿马运河的开凿修建过程息息相关。巴拿马的国家雏形，出现于19世纪的20年代，即拉美独立运动以后的1821年11月28日，巴拿马以"巴拿马地峡省"的名义宣告独立，并加入了大哥伦比亚共和国。

19世纪下半叶，美国就计划在尼加拉瓜或巴拿马地峡开凿运河。1902年6月，美国国会通过法案，决定在巴拿马开凿运河。国会授权总统购买当时已经得到运河开凿权的法国运河公司并与哥伦比亚政府签署条约，美国将收购法国运河公司的一切权利，哥伦比亚政府同意以100年租借期的形式将一条10公里宽的地带出让给美国。然而，哥伦比亚议会拒绝批准这一条约，美国政府便通过支持巴拿马分离主义运动来实现这一目的。

1903年7月，在美国的策动下，巴拿马成立了一个"革命委员会"，其领导人都是极力推动巴拿马国家独立的当地上层或显赫家族。时任美国总统西奥多·罗斯福特地拨出专款以支持巴拿马国家独立的目标。

1903年10至11月，在美国海军的保护下，革命委员会发动了反对哥伦比亚政府的叛乱。

1903年11月4日，在巴拿马城的群众大会上，革命委员会宣布巴拿马共和国独立。革命委员会还随即成立了巴拿马临时政府，阿马多尔成为这个新共和国的执行委员会主席，并担任了第一任总统。

进入近代和现代社会的首都巴拿马城，其命运与巴拿马共和国艰难曲折的发展历程从来就是同频共振、一脉相承。

与巴拿马共和国的独立相同步，1903年11月4日，年轻共和国的首都巴拿马城，正式诞生。

美巴战争，国家主权的真正回归

巴拿马城作为首都之后的岁月里，社会动荡与国际纷争就相伴相随，动乱一直没有停息过。

直至当代人记忆犹新的 1989 年，首都巴拿马城还出人意料地爆发过一场震惊世界的美巴战争。这是巴拿马城自从被确立为巴拿马共和国首都之后，所经历的第一场真正意义上的国际性战争，尽管它的规模并不大。

这场战争的缘由，还得从美巴关于巴拿马运河的主权之争说起。

1903 年 11 月 13 日，美国正式在法律上承认了巴拿马的独立。1904 年 2 月，美国参议院批准了巴拿马政府代表布诺·瓦里亚与美国国务卿约翰·海在华盛顿达成的《美国—巴拿马条约》。

自从《美国—巴拿马条约》签署以来，美巴双方一直陷入运河主权之争。直至 1920 年，美国已经先后 4 次干预巴拿马内部事务。1925 年，美国出兵镇压了巴拿马城的一次骚乱，更加激起了巴拿马民众对美国的强烈不满与极大愤怒。

进入20世纪50年代和60年代，美巴冲突愈演愈烈。其中比较严重的是从1958年起的巴拿马学生上街抗议，遭到美国支持的国民警卫队的镇压，导致9人死亡。1959年11月巴拿马国庆节期间，反美示威再度爆发，数百名巴拿马民众进入运河区，将巴拿马国旗插入运河区以宣示主权。1964年1月，在运河区悬挂巴拿马国旗争端再起，反美运动烈火再度被点燃，连续3天的骚乱中，数千名巴拿马民众冲击运河区，造成了20多人死亡，数百人受伤，财产损失达200万美元。

20世纪70年代开始，在奥马尔·托里霍斯将军的主持下，巴拿马政府和人民开始为祖国的独立和主权而斗争，巴拿马政府的对美政策也随即发生了深刻变化。1971年6月，美巴两国开始新的谈判。1977年1月，卡特入主白宫后，更是加快了两国签订新条约的谈判速度。

1977年9月7日，托里霍斯在美国华盛顿与卡特总统共同签署了新的《巴拿马运河条约》（又称《托里霍斯—卡特条约》），美国被迫正式承认了巴拿马运河主权。新条约规定，在1999年12月31日条约期满后，应把运河全部主权归还给巴拿马，但又默认美国在运河区单方面地使用军事力量的权力，这激起了巴拿马人民新的仇恨。

1983年，曾经由美国情报部门培训成为"自己人"的曼努埃尔·安东尼奥·诺列加·莫雷纳将军，通过发动政变当上了巴拿马总统。这位新晋高位的政客，一心想在大位上创出点名垂千古的业绩，一门心思地决定全面收复巴拿马运河的主权，于是就和美国杠上了。当美国又气又恼地决定对巴拿马实行经济制裁时，诺列加总统干脆宣布与美国进入战争状态，并大张旗鼓地要求把运河主权收回来。其间，驻扎在运河区的美军与巴拿马军队之间发生过多次冲突。

1989年12月16日，一名美军在巴拿马国防军司令部门前被击毙，时任美国总统的老布什找到了借口，立即调动大军于12月20日入侵巴拿马。由于入侵美军来了2万多人，加之运河区已经驻扎的1万多人可以成为内应，仗一打起来，巴拿马军队立即缴械投降。巴拿马城顿时乱成一锅粥，24小时后，巴拿马正规军早已溃不成军，除了极少数民兵和民众在自发抵抗。美军顺利占领了巴拿马城，并立即扶植起了新的亲美政权。

这场战争中，美军阵亡20多人，受伤300多人；巴拿马军民死亡数百人，受伤和被俘虏者5000余人。

至于可怜的诺列加，起初逃匿于梵蒂冈大使馆，后来被大使馆驱出，从而被美军逮捕，被加以"敲诈勒索""走私毒品"两项罪名被判刑30年。

这场令世人瞩目的美国入侵巴拿马之战，象征着巴拿马人民抵抗美国霸权的坚韧斗志和勇气。拉美人民的不懈反抗，对美国应当如何尊重拉美和加勒比地区人民的独立诉求和主权意识，当是一记严厉棒喝。

至此，人们可能以为，一向独霸的美国，肯定会对巴拿马运河不再放手了，其实不然。1999年，美国总统克林顿下令，美国政府遵从历史条约的规定，按期把巴拿马运河的主权移交给巴拿马政府。美巴运河之争终告结束。

从16世纪到20世纪，在漫长的400多年建市历史中，巴拿马城戏剧性地历经了一个又一个短暂而又快速的历史回眸，"热带无强国""欠发达地区从来没有'现代化'"等偏见，一次又一次地将巴拿马城的形象埋没在历史的尘埃之中。唯有那些行色匆匆的骡夫、船夫、律师、工程师、农民的佝偻身影，还在为这座城市留下模糊不清的道道旅痕。

直至19世纪末，在法国人试图修造运河未果，而美国人又于20世纪初拿下运河开凿权并最终完成了这一世纪水利工程以后，巴拿马城才又焕发生机，重新成为真正的地峡之国的"心脏"。

说到这里，我个人想对巴拿马城的再度崛起谈一点心得，即巴拿马城的曲线发展历程，对于世人如何全面准确地理解"热带无强国""欠发达地区从来没有'现代化'"等论断，对于现实的国际关系命题，其实有着某些启迪意义。就拿巴拿马城来说，它的历史演进，恰好是一个城市的自我发展与国际评论不能对称的"标本"。

从16世纪开始的西属美洲时代，巴拿马城起初常会被贴上"中美洲最为先进的城市"的炫目标签。而当美国于20世纪初控制该国后，这个国家却被美国和欧洲列强视为"传统""保守"乃至"落后"的灰色小国。这种跌宕起伏的评价机制，与西方国家对中国的评价，往往有着相似之处。遥想中国处于"大唐盛世""康乾盛世"辉煌时期时，是多么地令世人景仰，然而，这并未改变当今西方发达国家对中国的历史成见——晚清以来"积贫积弱之中国"的刻板印象，至今依然影响着欧美发达国家看待中国时的惯性思维。在东西方社会激烈博弈的今天，中国动辄会被以美国为首的西方社会视为头号"竞争对手"，西方社会从心底无法接受中国高速崛起的现实，于是千方百计试图遏制中国的发展。

西方社会这种对中国的野蛮围堵，与历史上他们长期以来无视巴拿马曾也有过的辉煌历史，而更愿意将巴拿马的国家形象固化于16至19世纪之间的殖民时期的霸权行径，可谓异曲同工。这使得法国、美国、荷兰等西方列强长期敢于觊觎甚至直接攫取巴拿马的国家主权，并屡屡控制该国经济、政治命脉和运河资源。

The
Biography
of
Panama City

巴拿马城 传

逛逛首都巴拿马城

第二章

古、老、新三种风貌并存的世界名城

巴拿马城，古、老、新三种风貌集于一体，风貌混搭，但却十分和谐并耐人寻味。

目前，超过半数的巴拿马国民居住在这座首都城市。巴拿马全国三大经济支撑体系的航运业、加工业和金融服务业也汇聚于此。今天的巴拿马城，不仅是全国政治、经济和文化的中心，也是美洲地区国际化程度最高的首都城市之一。

说它城区的古老，是因为巴拿马古城始建于1519年8月15日。这里原是印第安人的渔村，当时的西班牙殖民者以印第安语发音为依据，将这座城命名为"巴拿马城"。

可惜，在1671年，它被英国海盗亨利·摩根洗劫后又被付之一炬，古城化为灰烬，现在仅遗为数不多的建筑残骸，曾经的面貌也只能在景区的博物馆里了解一二。古城里，偶尔会举办露天音乐会，舞台设在一组残缺的城墙中间，星月的光辉从枝叶间肆意洒落，与朦胧的彩色灯光交相呼应。坐在古城遗址之间，静静聆听古钢琴和大提琴的演奏，任凭时空交错，空气中弥漫着浪漫的气息。

两年后的1673年，遭遇空前劫难的巴拿马人，不得不在城西8公里处另外辟建新的城市——即老城，一个倚山临海、风景优美的城区。现在把老城称作旅游景点未免太小看了它，我倒觉得它是巴拿马城的"心脏"。历经300多年的建筑中，有精美完好的教堂，也有仅剩残垣的修道院，有诉说不同故事、大大小小的广场，也有展示历史宗教文化、主题各异的博物馆……充满历史痕迹的建筑和街道，浸润着浓郁的西班牙风情，也深植着悠久的拉美文化。别具风格的餐厅酒吧、精致的纪念品小店散落在古迹之间，在古典与现代相逢的时光里，巧择一处小憩，闲望浮云如画。每次去老城，常慨叹同样的街区总能拍出不同的景致，老城的魅力，真不是到此几游，就能完全体会的。1914年巴拿马运河的建成开通，使这座老城更加焕发出活力与青春，城市功能也迅速得到发展和扩充。由于老城区部分建筑历史悠久，且具百年前典型的西班牙建筑风格，因此这片区域被联合国教科文组织列入了世界文化遗产名录。

巴拿马城的新城区，则是兴建于古城和老城之间的一片簇新的区域。目前，数以百计的外国银行、金融业、现代服务业和航运机构设立于此。从老城隔着海湾远眺，即可见新城的摩登风貌——现代化高楼鳞次栉比，一座高过一座的摩天新楼参差错落，造型非常前卫，色彩尤为壮观。特别是那幢螺旋状伸向天际的高楼，多年来一直是巴拿马城的不二地标象征。除了眼花缭乱的高楼大厦，这里还有美丽平坦的海滨大道，也有令人抓狂的"早晚高峰"，这是一个充满活力的城市。尤其是夜幕中的巴拿马新城，格外迷人，只见那一排排倒映在水中的"不夜之城"，其光影璀璨辉煌，神秘莫测，深邃迷人，令人叹为观止。从高处俯瞰，海滨大道的滚滚车流，如同耀眼的金色流萤，一道道地连线而过；而高低错落的现代楼宇，则在威严的夜幕中闪烁着宁馨的光芒……

准备好了吗？

一起去巴拿马城走一走吧。

古城遗址，无声的证人

巴拿马城的古城遗址，是到访巴拿马城的外国游客的必去之地。遗址里的钟楼遗址，是巴拿马被列入联合国教科文组织的世界文化遗产名录的重要文物。

这座古城遗址，距新城不到1公里，位于海滨一处港湾地段。老远，就能看见灰黑色的滩涂，刚刚退潮的水渍反射着白灿灿的天光。数以万计的灰色鸥鸟，密密麻麻地正在滩涂上觅食。那阵势，仿佛一大片浮游移动的生灵，在为滩涂铺陈新装。

继续向遗址深处走去，四处足够地空旷和寂寥，只有空气中弥漫着热辣辣的气息。

矗立眼前的，是一幢幢褐黑色、大小不一、依稀猜得出当年宏伟架势、但已被烧毁得面目全非的废墟。

原来，早在1519年8月15日，西班牙殖民者德阿维拉总督，受西班牙皇后伊丽莎白的派遣，前来这里动工兴建了整个太平洋第一座城市。博物馆的讲解员告诉我，出身于西班牙贵族的德阿维拉总督，年届

巴拿马城古城遗址建筑残骸

70高龄方来巴拿马履职。直至他90岁离世时,这座城市已被建设得初具规模。

这座古城,位居大西洋的加勒比海湾。优渥的地理位置,使这座城市成为西班牙殖民者的贸易中心,也成为海盗觊觎并劫掠过往商船,特别是从秘鲁等国驶来的、载有大量金银财宝商船的绝佳之地。然而,恰是这一特殊的地理位置,更为它带来了毁灭性的杀身之祸。

1671年1月28日,这是一个黑色的日子。

英国海盗亨利·摩根攻城略地,残暴地将此城抢劫一空并焚烧殆尽。现在留下的一幢幢褐黑色的城池遗迹,仿佛是无声的证人,正在控诉当年强盗的恶行。

巴拿马城最为著名的"黄金教堂"的神龛，其内是曾被涂黑过的纯黄金做成的神像。

眼下，历经劫后350多年的残壁断墙，依然无时不刻地在荡荡西风中述说着这座古城的渊源历史。走在遗迹中，依稀可辨圣弗朗西斯科修道院、耶稣·孔帕尼亚大教堂、圣何塞修道院、圣胡安医院等残破建筑的身影，还勉强能见到皇宫和雷伊桥的形状。

据遗址博物馆讲解员介绍，就在老城区，还有一处"黄金教堂"，是当年古城的圣何塞修道院遭到海盗焚毁后，搬迁至老城重建的圣何塞教堂，是1675年建成的国宝级文物宝库，堪与古城遗址媲美。

"这座黄金教堂里的神龛，真的是用昂贵的黄金制成。当得悉牙买加海盗将要来此抢劫的消息后，巴拿马人急忙将整个神龛涂成了黑色，并将教堂更名为黑色教堂。海盗来后，见神龛一片漆黑，认为不吉利，便放弃了对其的抢掠，这座教堂由此幸免于难。"

这座遗址博物馆里，陈列着史前直至殖民时期的出土文物，包括凿刻于1400年至1492年间、用于陈列遗体供人瞻仰的石质祭坛，1519年至1539年间装饰教堂内壁的马赛克饰画残片，1649年居民逃离古城时带走的古城石砖，以及石质塔基等。其中，复原陈列的16世纪古城模型比较有形有状。

除此之外，还有从火山灰下开掘出来的土著人遗留的陶罐，这些陶罐均为印第安人常用器皿，大多呈圆口并三足高脚，很便于盛物烧煮。这些陶罐的外壁，均绘有鱼、蝴蝶等图案。它们对于研究早期巴拿马印第安人的人文史，具有重要的研究价值。

巍巍老城区，浓浓古风情

所谓老城区，即1673年巴拿马居民为躲避海盗焚毁的战火，放弃不便防御的原址，选了离古城大约8公里外的一处半岛，并为了防止海盗再次来犯，而在城区沿海岸线加修了城墙，这就是如今的巴拿马城老城，也被巴拿马人称为殖民区。巴拿马居民这一新的居住地，经过重新建设并历经无数磨难，逐渐变为成熟和繁华的老城区。

本节要介绍的，就是依然保留着百余年前风貌的老城。虽说老城里的治安状况有点糟糕，但其实我内心最喜欢的恰好是这样的地方。

老城区始建于1673年。现为巴拿马城的圣费利佩行政区。17世纪时，这里曾遭遇3次大的火灾，古老建筑已不多见。尽管如此，源自18世纪以来的，具有法国、美国、意大利、西班牙等诸多国家风格的老旧建筑，特别是装有铁栏杆的巴洛克式阳台等，依然散发着欧美殖民文化的的气息。沿街开辟的咖啡馆和餐厅，将老城烘托成风格独特的温馨憩园。

1997年，联合国教科文组织将这片老城区列入世界文化遗产名录。

自此以后,老城受到很多保护。

5月的巴拿马,正值春夏之交,一种黄色的花树在全国竞相绽放,巴拿马城不少地方都有此树。这种黄花大树宛若一把硕大的大伞,也是春天来临的信号,它一旦展开,几欲要把整个城市都笼罩在自己伞下。黄花之树,遂成为了巴拿马城一道独特靓丽的景观。

巴拿马城的老城,节奏缓慢,街道狭窄,殖民

充满异域风情的巴拿马城老城区街道

时期的建筑多带有浓郁的西班牙风格,运河时代的则多为法式或美式建筑。总统府及其他重要政府机关、主要文化设施和商场都位于老城。

老城街头伫立着一幢幢空心老楼,即只有外墙,内囊全都拆空的建筑,一看即知是当地政府旨在重建老城,整旧如旧。不少来自西方发达国家的工程设计施工部门,正按照联合国教科文组织批准的规划,将富有历史意义的老建筑的陈旧内部结构全都拆除,同时小心翼翼地保留着这些楼宇独具特色的外墙立面。翻修改建工程正在这里如火如荼地开展着。或许在不久的将来,这里的一幢又一幢老楼,势必拥有当初的古旧模样,但内部结构则非常现代化。这样的时髦古旧建筑,势必呼之

欲出。

历数这些散落在老城区的著名楼宇和街道，主要有：位于五月五日广场附近的雷纳·托雷斯·德阿劳兹（巴拿马人类学家）博物馆，保留着有轨电车钢轨的老城步行街，唐人街人和会馆二楼的关帝宝殿（其凝重的中国古老传统风格，在国内绝对罕见），老城区中央的巴拿马内政部，巴拿马运河博物馆，濒临海滨的法兰西广场，民族博物馆，多座美洲与西班牙风格混搭的大教堂，等等。

老城区的中心是独立广场，广场周围有双塔高耸的天主教堂，还有法国人建造运河时的指挥总部。每逢国家独立日，万众拥向这里举行庆祝活动。

靠海滨的白色古建筑，是巴拿马共和国的总统府。这里原是西班牙殖民时代的总督住宅，因常有苍鹭伫立在门前喷泉周围，故有"苍鹭宫"之称。巴拿马独立并赶走西班牙殖民者后，这里便被当作共和国的总统府。

南面的法兰西广场，是一座半圆形的、从上层到底座均可盘旋上下参观的古老建筑。广场中央，醒目地矗立着纪念碑和方型尖塔，旨在纪念为建设运河而捐躯的法国人。

仔细观察这些百年建筑，在时间的打磨下，一些水泥结构业已剥落，锈蚀的钢筋早已裸露出来，历史的沧桑感毕现无疑。

法兰西广场周边还有许多殖民时代的建筑物，这些建筑物是当时为抵防海贼来袭，沿着加勒比海沿岸而建的，是城墙的一部分。广场不远处即为巴拿马国家司法大厦和法院。它的附近是一家艺术学院，学院大厅的前后陈列着少量的绘画和雕塑作品。

徜徉老城区，石块铺砌的地面上，还留有昔日两道长长的钢轨。那

巴拿马城老城区的法兰西广场，为纪念建设运河而捐躯的法国人而建。

生锈的钢轨呈褐红色，虽然光亮不再，但历史感很强。那是早年殖民者时代有轨电车的遗迹。其实，我倒认为，巴拿马城不妨继续开通有轨电车，这种交通工具既节约能源，又有助于保护环境。现在西方国家流行的电力机车，省却了昔日车顶必备的两条电线，或可作为这座古城的交通缀饰之物？

老城街区上，常有各式小贩行走推销小产品。这些小贩通常为黑人，他们或用头顶着货篮，或肩背货箱，边走边叫唤，很有世俗风情的感觉。那里有卖蔬菜水果的，有卖衣帽鞋袜的，有卖彩票的，还有卖香烟的。所有摊主均为社会底层百姓，他们纯朴善良，总是面含微笑，热情招呼，自然流露出真诚、友善和愉快的表情。

这些路边摊，往往会把狭窄的人行道堵得水泄不通，逼行人紧贴他们的货摊行走，或许这正是为了让路人更顺手选购一些小商品？若从"占道经营"的角度看，这里的老城街区管理确实有些"脏乱差"，但是，正是这种充满世俗人情味道的质朴景观，才能真正展示巴拿马底层社会的原生态模样，让游客们有足够的兴趣拍照和观察。

横跨运河的美洲大铁桥

与老城区相毗邻的，还有一位"芳邻"不能不提，那就是著名的巴拿马运河美洲大铁拱桥。这座桥位于巴拿马运河入口处，它横跨运河左右两岸的陆地，是连接南北两大美洲的历史性大桥，像是运河的大门口，因此也被称作"美洲大桥"。

以姿态优美的拱形弧线，从巴拿马运河太平洋入口一侧，一举横跨至河对岸巴尔博亚的美洲大铁桥，于1959年至1962年由美国出资2千万美元建造而成。

大拱桥一侧不远处是一道伸向大海的长堤，长堤那边便是巴拿马海湾，海湾尽头隐约显现的那一大片鳞次栉比的楼群建筑就是巴拿马的首府——巴拿马城。每每晨曦初照或夕晖衬映，这座大桥那矫健优雅的造型，便会以或紫红或淡灰的色泽，将巴拿马城渲染得迷蒙温馨，诗意盎然。

这座桁架拱桥设计的大铁桥，全长1654米，连续14孔，主孔跨径344米。大桥最高点距离平均海平面117米，主孔高潮位时通航净空为

跨越巴拿马运河的美洲大桥

61.3米。大桥两头有较宽的引桥，桥面两侧有人行道。2004年百年大桥通车之前，它一直是泛美公路的一个关键部分，也是跨越巴拿马运河的唯一一座固定桥梁。

美洲大铁桥，一边是从运河闸口蜿蜒而出的著名"蛇湾"，那是一条狭长纤细、状如长蛇的河道；桥的另一边，则与爬满鳄鱼仔的加通湖相衔。

这座令人印象深刻的美洲大桥，自竣工的那一天起直至今日，不知道俯瞰过多少来自世界各国的各色轮船。当每一艘船都无一例外地安安静静、匍匐身姿从它的身躯之下缓缓膜拜驶过时，铁桥如有思想，绝对会非常骄傲和欣慰。

新城区"两副面孔"

一边是破破烂烂、坑坑洼洼的路面,这里公共设施缺失,地面积满污水,特别是路边电线杆上缠满密密麻麻数不清的黑色电线,那些电线绕成千百圈纷乱繁复的乱圈,毫无头绪,叫人好不头晕。

一边却是簇新高耸、威武峻拔的现代楼宇,在阳光下正竞相比高,熠熠生辉。这些建筑都是世界赫赫有名的大银行、大金融保险业的办公大楼。行人随时抬头,便可与名闻遐迩的各色著名标志碰个正着。

这应该是大部分人对巴拿马城新城区最为纠结的初始印象。

眼前,地平线以上的风光辉煌璀璨,举世瞩目的国际金融中心建筑沿着海湾排成矩阵,威武雄壮;而地平线以下,却惊异地出现各种无序和繁杂错落。

这种完全不搭调的城市文化组合,令新城区看上去是那么独特,甚至感到明显的"违和"。

远观新城区,时髦的楼宇一幢高过一幢,其重重叠叠、参差错落、鳞次栉比、绵延无边,正竭力渲染着这座中美洲金融名城的富贵与

新旧并存的巴拿马城新城区城市面貌

辉煌。

然而，每座伟岸楼宇大门外的台阶下方，也就是这座城市绝大多数的马路和人行道，还有各种市政设施，则顽强地展示着相对落后的城市管理痼疾。其紧围摩天大楼，如影随形地缠绕共存，把一个现代感十足的新城变得有些不伦不类。

其实，新城区高端的城市楼群与错杂的市容环境，这两者似乎都在走极端——新城的"高楼阵"太过西化，全然没有一点中部美洲传统文明的地域元素与文化痕迹；而不雅的市容环境又太过于随意，全然没有要与今天现代城市的风格相接轨的意思。如果二者之间不是那么地截然对立和格格不入，而是互融互鉴、取长补短，最好能做到你中有我、我中有你，那么它带来的感觉将会好很多。

还想单纯地就巴拿马城新城建筑说几句观感。

矗立在巴拿马城新城区的现代化时尚楼宇

由于所有名楼都由各国最具实力的资金方建造，这些建筑在造型和质量上也是各逞风流。尽管不少高楼依然保持着稳健、端庄、厚实的传统风格，但由于样式愈怪异的房子愈容易为人所记忆，因而大批新奇的建筑争相矗立。

因此，这里的建筑群落给人的一种印象，就是建筑风格的单打独斗，整体上，建筑之间似乎缺乏内在的统一性与协调性。每幢单独的楼宇在风格上似乎竭力地彰显自我，好像尽力要与周边的风格不同，有着各显神通的观感。

当然，巴拿马城的新城区也不乏设施现代、环境洁净的街区。只是这些街区数量集中在最为核心的区域，即全被置放于首都的中央位置，

61

与老城区隔海相望的新城区海滨大道

因而略有刻意而为的痕迹。

例如著名的海滨大道，它蜿蜒铺陈于海滨的弧线边际，不仅有褐红色的国际标准绿道，更有修剪精致的绿化带和精美雕塑。如若登高鸟瞰，这条大道无论白天或夜晚都美妙绝伦——一侧是湛蓝的海水，一侧是整齐竖立的高楼，两者之间向远方无限伸展的道路上车流滚滚。

望着一望无际的大海，斜倚绿道灌木丛边的木椅小憩片刻，远处哗哗的海浪声节奏感十足。能这样静下心来默默地欣赏着每一个过往行人，观赏间或掠过的长跑者矫健身姿，实为惬意。

只是来这里的市民很少，老百姓是不愿把忙碌的脚步迈向海滨的。他们聚集在热闹非凡的主城区，仿佛更习惯于闹事之中的狂欢一般。

开设于巴拿马城新城区的众多现代化国际酒店的经营水平，也是这座城市值得关注的一点。在五星级乃至超五星的高级酒店，以及在众多不同档次的酒店，尽管设施等硬件有着各种差异，但一般来说，服务都很专业。即便在廉价的经济型酒店，基本的酒店设施也一应俱全。这显然与巴拿马注重旅游产业开发、严把酒店质量关口息息相关。回忆曾经住过的近 10 家档次各异的酒店，没有碰到什么窝心之事，因此心仪这里酒店企业的实力。

几家博物馆

巴拿马城市博物馆,小巧不乏玲珑

在老城区一处不太起眼的街区拐角处,坐落着这个国家赫赫有名的国家级博物馆——巴拿马城市博物馆。

这座城市博物馆,坐落在一幢原本当属私人住宅的建筑内,格局比较狭小和拥塞,内容也仅限于对巴拿马城的城市沿革及发展的展示与研究。但是,它的藏品具有权威的史料价值和研究意义。

首先,这座博物馆陈列着不少来自中国明清时期的陶瓷器皿。这些器皿全部是由100多年前被西班牙殖民者掠夺的中国劳工从国内随身带到巴拿马的。在它们精美的彩釉背后,沾满了中国劳工的斑斑血泪,更是中国劳工为开拓蛮荒的美洲而奉献终生的物证。

这家博物馆还通过不少实物和图片,展示着从土著印第安人时代至当代的国家历史文化遗存。

对祖祖辈辈生活在巴拿马这片土地上的印第安人,博物馆是通过服

位于老城区的巴拿马城市博物馆

饰予以介绍的。馆里展示了六大印第安人部落的不同生活形态，其中以前四大部落为主流，它们分别是格拉贝—布勒部落、库纳部落、拉索斯部落以及恩贝拉部落，它们的服饰各有不同，不仅色彩图案各异，衣服的功能也有微妙区分。

馆内还有1903年诞生于巴拿马共和国的第一面国旗。历经久远的时光洗礼，这面依然庄重的旗帜已显陈旧斑驳。旗帜的设计者被塑有雕像，他就是首任巴拿马共和国总统曼努埃尔·阿马多尔·格雷罗。

巴拿马国徽和它的设计者尼卡诺尔·威亚纳斯在馆内有重点陈列。中厅循环播放对尼卡诺尔·威亚纳斯的女儿卡门·威亚纳斯的采访录像，她声情并茂地讲述自己的爸爸是如何精心绘制国徽的过程。

博物馆内也有专柜陈列着1913年来自中国广东省的一家中国企业在巴拿马开展国际贸易的营业执照。这家企业从事的是中巴两国之间的进出口贸易活动。这可谓是对中巴两国最早贸易交往的历史性记载。

陈列品还复原了在巴拿马开店的第一家中国家庭小杂货店的小景。该店1933年开设于巴拿马城，其营业执照也被陈列其间。

有一组模型十分醒目，描绘的是几名年轻人正在翻越美军基地铁丝网的场景，主题为纪念著名的"国旗事件"。

1964年1月9日，一名巴拿马青年学生勇敢地携带国旗进入运河区并升起国旗，却被美国驻军开枪打死。为了维护国家主权和民族尊严，3万多人闯进运河区，坚决要求在运河区升起巴拿马国旗。多位青年学生更是手持国旗，高呼反美口号，纷纷攀爬并翻越铁丝网，试图进入美军营区。美军对闯入的示威者进行血腥镇压，两天内打死打伤共400多名巴拿马人。

就在这里，还醒目地陈列着后来试图从美国手里抢回巴拿马运河主权而反抗美国，最终被美国人抓走的巴拿马国家领导人曼努埃尔·诺列加的照片。

至今，巴拿马人民依然没有忘记为夺回国家主权所付出的艰辛与代价。

整个博物馆小巧精致，在昏黄暗淡的光线下将历史娓娓道来……

83岁诺列加的身影，又然现身博物馆

北京时间2017年5月30日晚，中国凤凰卫视的晚间新闻报道：

诺列加去世了。

当晚，世界各大网站也争相报道这一讯息。

诺列加何许人也？他的去世，为何成为全球关注的新闻？

据巴拿马TVN电视台报道，巴拿马时间2017年5月29日，时任巴拿马总统胡安·卡洛斯·巴雷拉在推特上宣布：该国前总统、传奇人物曼努埃尔·诺列加因病过世，享年83岁。

诺列加那幅极其著名的"囚照"，至今依然陈列在巴拿马城市博物馆。照片中，诺列加神情萎顿地站立于监狱身高标尺前，将写有自己姓名的纸片持在胸前。这幅照片流传整个世界，欧洲多个政治性博物馆都有展示。

照片中的诺列加，个头矮小瘦弱，表情冷漠茫然而忧伤。仅从照片来看，实在无法将照片上的这个人与此前在巴拿马叱咤风云的那位骁勇将军加以对应和重叠。

巴拿马TVN电视台主持人在报道诺列加的死讯时，用极哀痛的口吻说：诺列加是巴拿马的传奇人物。

曼努埃尔·安东尼奥·诺列加，巴拿马前任总统。他早年在秘鲁首都利马的一所军校学习，后加入巴拿马国民警卫队并服役22年。1968年，他支持青年军官托里霍斯发动政变推翻当时的政府，后升任情报局长。

1983年，诺列加出任巴拿马国防军总司令，成为巴拿马国家实权人物。其间，他对内制定军事组织法，对外则与美国全面抗争，要求美国按新的《巴拿马运河条约》，于1999年年底前将美军撤走，恢复巴拿马在运河区的全部主权。因此，他也被视为维护巴拿马国家主权的民族英雄。

虽然早在上世纪60年代，诺列加就与美国中央情报局（CIA）保持密切联系并持续至1987年，但由于他强烈主张从美国手中夺回巴拿马运河主权，令美国恼羞成怒。

西班牙《国家报》2017年5月30日载文称，对诺列加已恨之入骨的美国，早在1988年就开始指控诺列加犯有"贩毒罪"。1989年，美国开始对巴拿马采取军事行动，美军特种部队直接开进巴拿马城对诺列加进行抓捕。1990年，不敌美国的诺列加，只好向美军投降并被逮捕，随后被带到美国的迈阿密受审。

1992年，美国法院以"走私毒品"和"敲诈勒索"等罪名判处诺列加40年监禁，后减刑至17年。

2007年，诺列加提前出狱。

2010年被引渡至法国，继续接受"洗钱罪"的审判。

关于对他的引渡，西方媒体曾经报道，就在1999年7月诺列加在美国坐牢时，法国就以缺席审判的方式，判处诺列加10年徒刑，称诺列加通过法国银行洗钱约300万美元，这些钱同贩毒活动有关，其中一部分被诺列加用来在巴黎购买豪华公寓。

2011年，法国批准把诺列加引渡回巴拿马，从此就一直被关押在巴拿马国家监狱。

2017年5月，诺列加在巴拿马国家监狱去世。

虽然诺列加被西方主流国家视为国家公敌，但在巴拿马，依然有不少人奉他为民族英雄。这家城市博物馆，就一直陈列着对这位前国家领导人抗争美国的史实展览。

这些以图片和文字为载体的诺列加生平介绍，对美国悍然进入巴拿马逮捕诺列加的行径予以谴责。其展示的主题与方式，均具有鲜明的民族主义政治立场。

根据图片资料的介绍，诺列加的人生有个很大的曲线，那就是从美国"中情局线人"居然摇身一变成为了巴拿马的"民族英雄"。

展览以不少图片和实物宣称，诺列加在巴拿马能成气候，实际上离不开美国当初对他的扶持。

1934年，诺列加出生在巴拿马城一个穷苦家庭。早在青少年时期，他就立志当兵，并最终在中学毕业前争取到了赴秘鲁乔里奥斯军事学院学习的机会。1966年，已是巴拿马国民警卫队上尉的诺列加，来到美国北卡罗来纳州的布雷格堡，接受心理战训练。学成回国后，他连连晋升，1970年坐上了巴拿马国民警卫队情报局长的宝座。然而，鲜为人知的是，此时的诺列加早已成为中情局的一名高级"线人"。

中国学者苑基荣在《巴拿马前总统诺列加老来归国梦难圆》一文中对美国为何要推翻诺列加的原因做出了分析。

1983年，诺列加被任命为巴拿马国防军的司令官。其后不久，巴拿马总统托里霍斯死于飞机失事。在美国的支持下，诺列加继任巴拿马总统。上任之初，诺列加颇能"知恩图报"，给中情局提供了许多关于中美洲反政府游击队及恐怖组织的信息。但是，"蜜月期"很快结束，美国人惊讶地发现，诺列加越来越不听话，竟然要从美国手里抢回巴拿马运河的主权。一时间，诺列加成了巴拿马人心中的"反美英雄"。美国政府大为恼火，决意找机会"修理"这个"不识相"的小国总统。

掌舵，通闸！巴拿马运河博物馆

不管你会不会开船，在这里你都可以掌舵、通闸！巴拿马运河博物馆，设在著名的巴拿马运河老船闸入口大楼的楼上，这座博物馆的整体区域并不大，但很有效率地利用了空间，以便尽可能多地阐释运河的故事。

室内以实物、模型、图片、文字和声光电模拟等现代展示手段，对1514年巴拿马城建立以来这片土地上的历史变迁和重大事件，以及巴拿马运河的修筑历程做了细致深入的展示和描摹。其中，有两大主题陈列，尤其值得参观。

第一个主题馆，让每一位参观者获得驾船通过船闸的切身感受。

站立在船长的位置，在现代声光电模拟效果的环绕下，手执船舵，模拟着驾船缓缓驶进船闸，待水涨或水落后，再缓缓驶出……

眼前，是一幅超大面积的LED显示屏，能清晰地看到自己所驾驶的"货轮"按照手中的舵位以及航速，稳稳穿行于这座世界上最伟大运河的船闸。

能够"亲手驾船"，并庄严"驶过"巴拿马运河，这一历史性时刻，那感觉，真真切切。

第二个主题馆展示的，是1881年以来，由法国人主持开凿运河时起，运河区域一直遭遇毁灭性的黄热病和疟疾等急性传染病灾难而由盛转衰、继而由衰转盛的历史性过程，令人触目惊心。

博物馆通过大量的图片和文字，辅以循环播映的历史纪录影片以及部分实物，形象地记录了始于19世纪的黄热病和疟疾对运河地区工人的伤害。其中对1889年黄热病蔓延导致巴拿马运河公司破产，以及接手的美国公司于20世纪初如何彻底遏制这里黄热病的历史，介绍得十分详尽。

展示表明，1879年，74岁高龄的法国富商斐迪南·德·雷赛布组建起巴拿马洋际运河环球公司，试图打通横跨太平洋和大西洋的伟大航线，预算为 6.58 亿法郎。然而，可怕的黄热病和疟疾，迅速致使多达 2.2 万名工人染病死亡。1889 年，巴拿马洋际运河环球公司宣布破产，法国为此付出了 20 亿法郎的代价，也令无数法国的投资者血本无归。

1904 年，美国人以 4000 万美元收购了法国的运河开发权。孰料工程开挖不久，却被迫一再停工。原因很简单，85% 的工人因为患有黄热病和疟疾而住进了医院。

1905 年，美国投资 100 万美元，并用长达一年多的时间，对黄热病进行了大规模的灭杀行动。直至 1906 年 11 月 11 日，巴拿马运河出现最后一例黄热病死亡病例，其后再也无人因此而丧命，与此同时，疟疾也得到了有效控制。至此，这两种危害人类多年的疾病终于得到有效遏制。

巴拿马运河博物馆，一处浓缩历史镜鉴的所在。

生物多样性博物馆：少有实物却魅力依旧

巴拿马生物多样性博物馆，顾名思义，当以自然界的动植物为主题的博物陈列所在。但是，它给世人最为强烈的印象，却是那五彩缤纷的外观造型。

博物馆的外形，以红橙黄蓝绿等彩色板块镶嵌组合而成。表面上看，每一块色板都是独立而没有衔接地随意放置，但是它的奥妙所在，就是看似松散凌乱的色板下，是严谨精巧设计的大小展厅，而色板之间的"间隙"，实际上是各展厅的采光口。

可以说，这座天马行空、色彩斑斓的建筑，已经被人们认定为是巴

别具一格的巴拿马生物多样性博物馆

拿马最富生机与活力的象征。看到这座博物馆，就可以想象今天的巴拿马拥有多么激越的生命力。

　　这座博物馆濒海而建，且位于一道狭长的半岛之上，两边尽是湛蓝的海水和碧绿的草坪。无论是从老城还是从新城，只要看得见海滨，就能轻易地一睹它的风采。从上空俯瞰，茫茫大海中那道狭长的半岛上倏然绽放着一簇五颜六色的"彩花"，它炫目的色彩与周边蓝绿色的环境形成强烈反差，艺术冲击力令人震撼。

　　这座博物馆馆藏不多，胜在概念。但它的陈列设计理念十分前卫，颇能开人眼界，且处处精致细腻，尤其陈列风格与细节更具有迷人的魅力。

　　该馆陈列的所有动物，都是白色的仿真模型，如麋鹿、秃鹫、奔马、犀牛、大象、犰狳、虎豹、海龟等等，这些模拟的动物造型十分逼真，活泼可爱。更有意思的是，博物馆将这些大大小小的动物组合搭配于一体，纵横交错、上下贯通，虽然占位不多，但却不显杂乱，还富于审美的情趣。

只陈列少数海洋动物骨骼，那靠什么作为自然主题的陈列？

原来，这家博物馆非常巧妙地运用了声光电的展示技巧，各个不同展厅和区间，有条不紊地将巴拿马自然科学的历史沿革、现状和未来，逐一进行着动画演示，不仅让人一目了然、盎然生趣，还能获得很多知识。

巴拿马总统府的独特景观

苍鹭也能当"哨兵"

海滨一侧有一片灰白色调的建筑群,其中一幢白色的三层小楼醒目地矗立中央。

这批建筑群,其四周并没有设置高高的围墙,只见栅栏和拒马等路障,四处时隐时现戴有钢盔的持枪军警,还有一些步履匆匆、进进出出的工作人员。

这里就是巴拿马总统府,是巴拿马共和国的国家最高权力机关所在地,也是这个共和国总统的办公场所。

白楼造型庄重而不奢华。正面有三个半圆拱形门窗结构,大门前有一突出的门檐,门檐上方正中央,醒目地悬挂着巴拿马国徽。

踏入台阶走向总统府的大门,门两侧分立两位头戴大盖帽、身着威严黑色军服的持枪哨兵,其胸前醒目交叉着两道白色皮带,显得既精神抖擞,又神情庄重。

踏入大门，发现正前方的喷泉池边伫立着两只洁白的鹭鸟。乍一看以为是工艺装饰品，但仔细观察，会发现它们轻抬细腿，施施然地四处走动。

停下脚步仔细打量，但见大门左侧的墙边，设有一只白色鸟笼，其金属栏杆被漆成白色，里面干干净净地垫着报纸，两只苍鹭正用细长的腿漫步笼间。

再看鸟笼另一侧，是全身披挂、昂然肃立的持枪礼宾军警。想想这些白鹭动辄会在警察们的眼前悠然自得地"散步"，此景不免让人诧异。

除了门口大厅，楼梯间和圆厅处也有多种与鹭有关的大型艺术陈列，例如不同造型的金黄色苍鹭工艺雕塑，其颈项曲线尤其优美，且十分典雅，镀金的鹭身熠熠闪亮，令人赏心悦目。

堂堂总统府内，何以豢养和陈设着这么些苍鹭？

在拉丁美洲和加勒比地区，这种鸟类十分罕见，更因它姿态优雅，而被视为吉祥禽鸟。巴拿马总统府内养苍鹭，已是延续数十年的独特传统。原来，早在1903年巴拿马共和国独立建国之时，为庆贺首任巴拿马总统就职，南美某国总统将自己喜爱的一对白鹭作为国礼赠送而来。

没想到，这位首任巴拿马总统一见这对禽鸟顿生怜爱之情，随后竟喜爱到"一日不见如隔三秋"的程度。总统下令：就将这对鹭鸟豢养于总统府，并在一楼门侧辟建小巧的鸟笼。总统本人出入之际，总会逗玩一下它们，以此来舒缓整天国务操劳的不堪疲惫。

于是，就从那年起直至今天，尽管总统已更换了一代又一代，但这些白鹭却一代接一代地成为历任总统的宠物，得以在"巴拿马第一楼"安身立命、繁衍生息。被保留在楼内的，永远是两对四只不变。

巴拿马人认为，自打苍鹭进入总统府后，巴拿马的国运就一直向

巴拿马总统府内陈列的苍鹭造型工艺品

好，它们带来了幸运和吉祥。因为有这几只美丽的鹭鸟，巴拿马总统府在世界上也拥有别名——"苍鹭宫"。

金色大厅与高悬天花板的国家历史

巴拿马总统府内可谓处处锦绣。

沿着白色大理石楼梯拾级而上，映入眼帘的是质地精美的艺术佳作，其中既有巴拿马本国艺术家创作的雕塑作品，也有外国赠送的国礼。墙面张挂着一张印度挂毯，其上绘有典型的印度人像造型，还有一些欧美风格的雕塑和油画作品，也值得欣赏。

这里的装饰风格十分独特，寓淡雅朴素于低调奢华之中。其中最为精彩的，是总统府的金色大厅。

金色大厅，顾名思义，主色调为金色。它共分为3个隔间：左间和右间同等大小，两者之间由大理石廊柱大门连接，直通中央那间宽阔的大议事厅。

左间为总统专用的简易办公室。这里是总统会客会谈时需要临时签署文书的重要场所，平时总统常用的办公室并不在此。

在正面大窗的左右，分置两座美观的桌几，其上竖立着精美的瓷瓶。总统的办公桌置于正中央，其桌面为整块的、石纹细腻美观的大理石。办公桌后，则是总统的靠背座椅，椅背上方镶嵌有象征国家最高权力的国徽浮雕图案，整个座椅包括织锦软包，均呈金碧辉煌的暖黄色调。总统座椅两侧，则有两把椅背稍矮的同色座椅相衬托。总统办公室的墙面装饰也十分考究，高阔的天花板下，排列着精致木质面板镶嵌而成的方块图案。墙边置有核桃木质地的文件柜。从天花板垂至地面的织锦大窗帘，愈显室内装饰的高雅不凡。

右间则为会客室，沿墙壁相向排列着两排金黄色的织锦靠背座椅。天花板的水晶吊灯辉煌高贵。

最引人注目的是长方形的中厅会议室。这里是巴拿马国家最为重要的国务礼宾场所。几乎所有外国元首和政府首脑前来访问时，都会在这里与共和国总统正式会晤。这里也是巴拿马频繁举办各种国务活动的重要场所。

步入中厅，第一感觉是这里既敞亮又庄严。沿墙几扇大窗洞开，使室内备感明丽而温馨。大厅的天花板上，以木质桁条规则排列开来，其装饰非常美观。大厅中央，置放着一只长条木桌，两端各置两把座椅，

巴拿马总统府金色大厅里的会议厅

长桌两侧则相向整齐地摆放着高背座椅。这些座椅和木桌均为深沉的赭红色，椅背均为皮革制成，每一靠背中央都印有巴拿马国徽的彩色图案。可见，能有幸坐上这把椅子的人当属非富即贵，与有荣焉。

金色大厅最值得一说的，就是用油画绘于穹窿和墙壁上的、精美绝伦的历史连环壁画。这些历史壁画全都绘于四壁接近穹窿的高处，包括穹窿的圆形画在内，大大小小的共有10余幅。

这些壁画出自同一位画家之手。这位壁画家现已过世，但他的子女仍住在巴拿马城。有时，政府会邀请子女以画家亲属身份前来壁画现场，向重要的外国宾客讲述父辈创作壁画的故事。

所有的壁画，全然没有颂神和宗教的意味，内容均与巴拿马历史沿革有关。这与欧美许多国家重要建筑或博物馆所见的壁画，即主要以

巴拿马总统府金色大厅穹顶的壁画

《圣经》故事和神祇崇拜为主题的内容大相径庭。

壁画从这片土地早年仅有的土著印第安人的生活场景画起，然后一幅一幅地铺开历史演变的沉重画卷。这种讲述历史故事的方式，与巴拿马任何博物馆所采用的方式大有不同。这里的壁画以非常感性的画面，形象地诠释这片土地上人文与社会的变迁历史。画面感丰富形象，具有极强的历史穿透力和震撼力。

其中有两幅油画尤其醒目。一幅是身着白袍的女神，一手抱着精致的地球仪、一手高举鲜花，正驾驭着马车向前奔突；她的下方，是一位裸体神童正向远方吹响前进的号角。画面充满生命的激情和奋发乐章，令人激动和神往。另一幅是现代巴拿马寻常人家的普通生活场景。4个儿女满脸欢笑地簇拥着同样欢笑的母亲，正在家门前轻松地玩耍。刚从海里捕获的鲜活海产品，显示出生活的富庶。一个女儿手中的章鱼，正抖动着触须将另一只肥大的海蟹紧紧缠绕，海蟹尽管有大钳却也无可奈何……

这些画面的生活气息非常浓郁，展示着巴拿马人对安宁、祥和生活的向往与讴歌。

若从油画艺术的技巧上分析，这些壁画也属成功之作，它的每一幅画面的人物造型，均显示出丰满生动的个性特色，画面颜色也变幻多端，明朗灿烂。加之画面场景或宏大辽远，或细腻传神，实乃不可多得的历史场景之再现。

这些作品既能被视为单幅的独立画作，又可被看成相互具有内在关联性的连环画作。可以说，总统府金色大厅的这些壁画，当属巴拿马国家历史与现实的伟大史诗性画卷。

"避税天堂",名缘何来?

提到巴拿马,有人会说,这里是世界有名的"避税天堂",甚至有人称巴拿马是"避税天堂"国家中的"中流砥柱"。长期以来,针对巴拿马的金融系统允许洗钱和国际避税的指责,在国际社会一直不绝于耳。

获此"恶名",皆因巴拿马政府出台了一系列保护企业及个人金融隐私的法律,公司股东的姓名甚至都不必进行公开注册。这些保密法规十分严格,如有违法将面临严重的民事及刑事处罚。

巴拿马还推出了十分严格的银行业隐私法规,规定金融机构禁止提供有关离岸银行账户或账户所有人的信息。唯一的例外是涉及调查恐怖主义、贩毒或其他重罪(不包括逃税)的特定法令。

另外,巴拿马并未和其他国家签订税收条款,这是对外国投资人的又一层额外保护,同时,也没有汇兑控制,所以对转入或转出该国的款项并没有上限或汇报要求。

进行"合法"税收规避,事实上早已是一项全球性的业务。然而,隐私保护,就像硬币的两面,亦福亦祸。全球多个国家的"避税天堂",

总是使出浑身解数来为客户提供各种服务和隐私保护。但规避国家的税收，又令各国政府都为之头疼、也是政府素来严格管控的事情。

2013年，美国康奈尔大学出版社出版的《避税天堂：全球化如何运作》一书指出，单个的"避税天堂"的影响似乎并不显著，但从整体看，它们对全球经济的负面影响相当巨大，"因为它不仅是全球金融不稳定性的主要诱因，更是我们现在这个时代的一个重大政治问题"。

该书说，全球的"避税天堂"已经隐匿了13万亿美元的个人财富，相当于美国一年的国民生产总值。这些"避税天堂"也是全球200万家企业实体和半数国际借贷银行的注册地。

据挪威税收中心2013年发布的一份调查研究报告称，巴拿马作为"避税天堂"，其历史可追溯到1919年。当时该国实施外国船只注册制度，以帮助美国石油巨头标准石油公司规避美国本土税收。在标准石油公司的带头下，其他美国船只所有者也纷纷效仿，其中也有一部分人是为了规避美国法律体系要求的较高工资和较好工作条件要求。

随之而来的，是上世纪70年代，随着石油价格的飙升，这里的离岸金融业务"野蛮生长"。研究者说，华尔街的利益驱使巴拿马推出了极为松懈的公司法，只要回答很少的几个问题，任何人都可以开设不缴税的匿名公司。到1982年，受到巴拿马运河及其自由贸易区所蕴含机会的吸引，已经有100多家国际银行在巴拿马城开设了办公室。

"避税天堂"对全球经济和政治造成的影响已经引起了国际各方的关注。

2014年5月，国际经济合作与发展组织宣布，47个国家和地区签署了"同意银行间自动共享与税务相关的海外账户"的协议。就连列支敦士登、开曼群岛等传统"避税天堂"也加入其中。但是，巴拿马却依然故我，坚持担当"避税天堂"中的"中流砥柱"。

英国律师、税收专家乔里恩·毛姆向英国媒体一语道出"避税天堂"的实质："不存在所谓'好的避税天堂'这样的东西。这些避税天堂对全球经济没有任何意义……这就是一个隐藏资产的丑陋地方！"

由于巴拿马饱受"避税天堂"之诟病，自2019年6月被列入金融行动特别工作组（FATF）的"灰色名单"（即应加强监控的国家或地区）以来，巴拿马政府为改善本国的国际形象，近年来积极与国际间开展合作，不断改革完善本国金融财务法规，加强金融管制，打击洗钱和资助恐怖主义等非法活动，取得了一定进展，产生积极效果。

虽然巴拿马已经付出了巨大努力，但距离脱离"灰色名单"这一目标，仍有很长一段路要走。2022年10月，金融行动特别工作组更新了"灰色名单"，但巴拿马未能脱离这一名单，因为它没有按时完成金融行动特别工作组要求其执行的行动计划。这并不是因为它在规则或条例方面有所欠缺，而是有些计划执行起来需要时间。

The Biography of Panama City

巴拿马城 传

城市角落的艺术精粹

第三章

多元国民结构，促成文化多样性

仅从巴拿马人的服饰文化来看，就能发现它是文化多样性的典范融合体。

这里既有印第安土著文化特征（如傩面背后各种神祇故事），又深受非洲文化的浓重熏陶（白色裙装及图案均有东中非的服饰痕迹），还有北美和欧洲的文化传承（包括头饰和服饰在内的艺术风格），以及南美文化习俗（佩戴珍珠项链的习俗及服饰图案）。

构成巴拿马民族特色服饰的渊源，与这里国民结构呈高度文化多元取向直接相关。

巴拿马的国家文化政策，一直高度鼓励文化的多样性。来自不同种族、不同文化、不同国别的移民，将各自母国的传统文化原汁原味地带到巴拿马，并在这个中部美洲小国加以浓缩提炼、交融混合，从而锤炼出异彩纷呈、璀璨斑斓的民族特色审美情趣。

那些曾经的异族移民、今天的巴拿马国民，无不具有充分的国家自豪感与民族自信心。难怪他们能以极大的热情，积极展现那优秀的传统

巴拿马城公共区域的精美壁画

文化和艺术精粹。

纵观这个国家的文化和艺术，宛若步入世界文化多样性的集散地和博览园。

——无论走到哪个城市，公共空间必见艺术雕塑。这些雕塑大部分是金属或石质的，主题多为纪念历史上德高望重的人物或事件、对社会进步作出贡献的人士，以及纯粹以审美为价值取向的艺术雕塑；

——无论走到哪个餐厅、酒店或社会公共场所，必定会看见各种美术作品作为装饰物。巴拿马的油画具有热带地区油画的典型特色，那便是浓烈色彩与激越主题的巧妙组合；

——无论走到哪个僻巷，都会在某一段残垣或高墙，发现主题十分鲜明的艺术涂鸦。这种涂鸦通常弥补着环境破旧之弊，扮演着现代城市的"美容师"。

一家餐厅壁架上陈设的造型有趣的布艺玩偶

　　作为拉美小国，巴拿马处处可见只有拉美才流行的特色社会文化。比如，在不少的餐厅、酒店或商场，都会见到颇为有趣的"拉美娃娃"和与之搭配的图案饰物。不少厕所的门外，也会置有两只萌萌的男女布娃娃以作指向。

　　拉美文明正以其巨大的包容性，延续并发展着它独特的审美影响力。

"魔鬼餐厅"的惊悚与魅惑

小小的门脸两侧,却一边竖着一个比门还高的魔鬼造型。这魔鬼可谓青面獠牙,大大的眼珠被挤出眼眶,血红的大舌头撩出嘴外,满脸凶狠狰狞,令猛一见它的任何过客都会为之惊悚。

不要以为这里是什么耸人听闻的"魔鬼探险游乐馆",它只是巴拿马城老城区一家餐馆的装饰而已。靠近海滨的法兰西广场附近这座"魔鬼餐厅",正因其拥有夸张到极致的魔鬼装饰,才使自己在国内外赚来鼎鼎大名。

这家餐厅上下三层,面积并不大,且餐食似乎也不那么可口。但据说,来巴拿马的外国人都喜欢往这里钻,就因为它的"魔鬼"装饰实在奇特有趣。

"魔鬼餐厅"的墙面和桌上,到处置放着变形玩偶艺术品。它们形象怪诞,色彩斑斓,饶有趣味,耐人咀嚼。这种源自西班牙传统的以魔鬼为元素的文化氛围,尤其对信仰天主教的客人有很大吸引力。

这些纸质彩色艺术玩偶起源于西班牙,自从流传到拉美和加勒比地

巴拿马城老城区"魔鬼餐厅"内的变形魔鬼玩偶艺术品

区后,它又与当地文化相交融,从而形成今天特有的夸张装饰风格。墨西哥也有类似的纸质人偶,其制作样式与此无异,但其文化内涵各有不同。这种艺术玩偶业已成为拉美地区一道道奇妙的风景线。

木纸彩偶公交车为何受宠？

在"魔鬼餐厅"三楼的楼梯间，置有宽宽的桌台，上面却稀稀拉拉地摆着三四辆用薄木片和轻型纸制作的彩色公交车模型。

这些公交车模型，其原型就是正在巴拿马满街奔跑的普通公交车。它们就是从美国倒腾过来的二手校车，就是长方形大鼻子杵在前端、高高的排气管戳在屁股后直冒烟的那种，极好辨认。

这车旧虽旧点，但质量实在不错。由于美国人对自己校车的质量要求特别严格，到点儿必须更换，于是这些被淘汰下来的旧车，就被半卖半送地运到了巴拿马。

由于巴拿马不像世界大多数国家那样，对于公交车的车身颜色有着统一硬性的规定，于是引来众多市民艺术爱好者手持画笔各逞其能。首先，他们把黄色的车身全部更换成五颜六色，然后在车身四周绘出奇形怪状、五花八门的图案。

车身的图案，偶尔也有绘画技巧委实高超的画作。这些车身涂鸦的主题，既追求黄油面包，也追求诗和远方；既生动反映着社会现实，也

"魔鬼餐厅"内展示的纸质公交车模型

巴拿马普通公交车五颜六色的车身涂鸦艺术

不乏追求宗教理想。这些"花车"行驶在大马路上,恰是对巴拿马社会民俗文化最直接的诠释、最璀璨的讴歌和最接地气的融合。

在巴拿马盛行的这种彩色公交车纸模型,据说颇能迎合美国人对发展中国家的"悲悯"心态,因而大受美国游客欢迎,他们回国时常会买下留作纪念。

这种"花车"在牙买加等拉美城市也不少,只是那里没像在巴拿马这般"壮观"。

花布织就印第安人苦难史

花布织绣，是以简洁细腻的彩线，在不同底色的棉布上绣出极为有趣的线条组合。

在巴拿马，这种织绣的花布是流行于整个国家的大众化民间饰品。它的幅面大小不等，在艺术博物馆内，有大如整张床铺的花布，它是由若干幅小的长方形花布组合而成，每一幅小花布上的图案各不相同，但组合出满满当当的、相当完整的巴拿马社会民俗生活场景，宛若巴拿马版的《清明上河图》；而平时常见的，则是半开报纸大小的花布，这种比较便于家庭陈设张挂。

这些图案中，通常会出现穿着优美服饰的巴拿马女性，还有常见的生活用品，如水桶、陶罐等；动植物也是重要题材，特别是大海的生灵，如海马、鲸鱼、虾蟹、水母等，都特别入画。其中，有一种动物备受青睐，那就是长颈长腿的白鹭。不少花布都将白鹭入画，足见这种禽鸟在巴拿马人心目中的特殊魅力。

这些花布织绣的作者，均为巴拿马土著的印第安女性。有的作者巧

古拙质朴的花布图案，映射着巴拿马社会民俗生活场景。

妙地以印第安人苦难生活为主题，把自己在艰难困苦环境中磨砺求生的场景尽情展示出来，更有对近代西方殖民者残酷杀戮印第安人、印第安人奋力反抗场景的描绘。这类花布，堪为印第安人苦难历史的艺术见证。

　　花布作者，都是未受过美术专业训练的质朴勤劳的印第安女性，这些民间艺术家的创作成果色泽格外艳丽，图案古拙质朴，十分形象又很接地气，颇似中国陕西户县农民画的风格，因此不仅深受本国人民欢迎，更得外国游客喜爱。

植物果实变身小型动物

巴拿马，是动植物的天堂，也是衍生天然植物果实的精密雕刻手工艺术品的天堂。

这些民间手工艺术品，就是在比鸡蛋稍小点的褐皮白果上精心凿刻的精巧逼真的小动物。

巴拿马西部的印第安人部落，以及巴拿马城老城区的法兰西广场附近，均有一些民间饰物小摊点出售这种雕刻在天然果实上的手工艺术品。

这种植物果实名为塔古亚，是橡扣树（棕榈树的一种）的种子胚乳，也称"象牙果"。它本为白色液体，经晒干后变硬，呈乳白色，于是被拉美民间的能工巧匠用来雕刻成五花八门的动物造型纪念品，在国际上广受欢迎，被誉为"植物象牙"。

这种手工艺品以热带雨林和海洋的各种动物为题材，如金钱豹、金刚鹦鹉、玳瑁、树懒、海龟等，特别是海龟，果实雕刻出多种多样的姿势，有抬头探行的，有刚刚出壳的，形态生动灵活，让人一看即爱。

这些雕刻手工艺品看似简单，但无论题材还是构图，无论刀法还是技巧，都十分成熟完美，它们在巴拿马城设有专业厂家，产品数量大到能批量出口。

更有意思的是，2016年12月24日，我在法国香榭丽舍大街著名的"圣诞夜市"上，居然再一次看到了专卖这种手工艺品的摊点。一问，全是从巴拿马进口而来，而且摊上的品种，比我在巴拿马时所见要多许多。

好东西果然到哪里都受欢迎。

绚烂璀璨的民族服饰

巴拿马的民族服饰不仅非常美丽，而且潇洒舒展。

无论男女，其服饰均以纯白色为底色，间或饰有普鲁士蓝的横条状花纹作为纹饰。这大概是因为邻近赤道，需抵御强烈的阳光和高温有关。

女性裙装叫"波耶拉"，其材质是松薄轻软的织物，样式则以落落大方的宽松和飘逸为特色。这些裙装既能适应炎热气候，又能规避欧美宫廷服饰的繁缛和累赘。当她们着裙装翩翩起舞时，那大裙褶边便宽松地旋转翻飞，十分飘逸潇洒。

女性的头饰也很有地域特色，既美观又能透气。它们多以白色珍珠相串成链，绕在头部组成精美的图案。远看珠光宝气、晶莹悦目，近看则是几串线条精致镶嵌，尤显妩媚动人。

无论节日还是平常之日，年轻的女性均习惯佩戴金质项链。狂欢和游行时，姑娘们身着华丽裙装，戴上高贵的珍珠头饰，但仍嫌不够美丽，于是人人都要佩戴十几根甚至几十根各色项链。这种项链多以足金

巴拿马城街头，女性着民族裙装翩翩起舞。

为质，长度超过一般所见数倍，链端底部挂有纯金吊坠，当姑娘们狂舞之时，这些金色项链便会随之纷飞旋舞，眼花缭乱之中，尽显女性的妖娆之美。

男士的白衣或白袍上也常镶缀彩色纹饰。他们在狂欢活动中，通常在头部干脆罩一纸质傩面，那是涂得血淋淋的、面目夸张狰狞的魔鬼图腾，戴上手舞足蹈时，很有喜感。

当然，这类重妆彩饰平时难得一见，但在狂欢节或主要节日游行时十分流行，是街头文化的一大亮点。

巴拿马的印第安土著部落中还有一分支，女孩子习惯穿着彩色细珠串联起来的胸衣，其上饰有菱形和四边形彩色图案，既实用又美观。

族群中的女性无论老少还有一大习惯：在小腿上套穿一种由彩珠缀

在巴拿马城常见的印第安女性"小腿套"

连起来的"腿套",这种长袜状的细珠腿饰,即从膝盖以下直至脚踝,紧紧包裹住整条小腿,确能体现女性纤腿的美妙线条。更有少数老年女性,还将细珠缀连成片的饰物套戴于手腕部位,则令人印象深刻。

"腿套"这种审美习惯委实独特。或许在其他人看来似有繁缛堆砌之弊,但在印第安女性的眼中,它们则是最为富丽典雅的装饰。女性们一定会为之感到自信与荣耀。

这也是在整个美洲,特别是在巴拿马所见的最具风情的印第安女性装饰习俗。

The
Biography
of
Panama City

巴拿马城 传

坠入历史泥沼的运河之城

第四章

漫漫百年运河史，尽在挣脱奴役中

我从小知道"巴拿马"，皆因它有着这条运河。

巴拿马运河，一条连通两大海洋、但自身命运多舛的生命之河；

巴拿马运河，一条巴拿马人民须臾不离不弃的母亲之河；

巴拿马运河，一条在全球唱响国家高亢音符的世界之河。

依稀记得孩童时期，街头上大人们举着标牌旗帜游行，口号好像就是"美国佬滚出巴拿马！"家长说，无恶不作的美国佬硬是霸占着巴拿马运河不放，巴拿马人民正奋力反抗，我们中国人当然要声援。

多少年过去了。来自巴拿马运河的消息却变得时断时续，若即若离，缥缈模糊，渐行渐远。但我们依然知道，巴拿马是全球最为有名的海运大国，巴拿马运河担负着全世界5%的贸易货运。

直至近些年我渐渐得知，尽管那时中巴两国尚未建交，但两国政府间早就互建有官方的贸易发展代表处，这种代表处拥有外交领事机构的权利，两国间开展着数量极为庞大的贸易往来。

说起巴拿马运河，其中最为强烈的印象，便是巴拿马运河的百年历史，简直就是与美国"相伴相克"的磕磕绊绊的历史。

换言之，巴拿马运河的百年历史，就是巴拿马人民挣脱殖民主义和帝国主义奴役的漫漫苦难史。

运河的前世今生，就是这个国家和民族在不断反抗与斗争中形成的循环宿命。

外交部会议厅的历史秘密

巴拿马共和国的外交部大楼,是这个国家的重要政府部门所在楼宇。

走近它的楼前广场,即有明显的违和感:但见广场光线幽暗,气氛压抑,一点没有一国外交部的形象。抬头看,原来整个广场的上空被搭建起一个高大宽阔的玻璃钢简易屋顶,严严实实地罩住了整个广场,让广场变身为一个室内大厅或室内停车场。

堂堂外交部,通常需要接待造访的各国外交官与宾客,有涉一国体面和形象之处,何至如此晦暗?

其实,这座办公小楼本一溜长线,是古色古香的西班牙殖民时期建筑,其造型精致紧凑,色彩庄重沉稳。楼前宽敞平坦的小广场,其格局与样式也很传统、很拉美,与在拉美各国可见的建筑风格并无二致。但它戴上大屋顶的"帽子"后,就有点不伦不类了。

原来,就在这小广场的地下层,近年发现了多处重要历史文物遗址。国家考古部门立即在广场上空建起简易屋顶,以保护文物现场开掘。

巴拿马城老城区玻利瓦尔广场纪念碑上的雕塑

并且，鉴于这里楼前开掘工程的旷日持久，外交部不得不决定另择新址搬家。

外交部办公楼二楼有一间小屋，是19世纪政府的小型会议厅，现例属巴拿马国家级文物保护单位。

这是一间黝黑狭长的老式小会议室，一排排简朴的长条木椅均面朝着最内端的主席台，那里置有一张长桌，桌后竖立着7面不同国家的国旗。

重要的是，就在1823年，这间会议室里一举诞生了影响世界、惠及全球的伟大决定：在中部美洲凿建运河。

正是这项决议，促成了后来巴拿马运河的诞生。

在这处保存完好的会议厅正前方，竖立着7面国旗，代表的国家依次为：危地马拉、萨尔瓦多、洪都拉斯、巴拿马、尼加拉瓜、委内瑞拉和墨西哥。

据史料记载，开会的那一天，只有危地马拉、萨尔瓦多、洪都拉斯、尼加拉瓜和哥斯达黎加 5 个国家（没有现在竖着国旗的巴拿马、委内瑞拉和墨西哥 3 国）的总统齐聚小屋进行表决，宣告由 5 国组成的中部美洲联邦共和国正式成立。他们同时联袂向实力雄厚的美国正式提出重要建议：请美国承接在中部美洲援建运河的重任。

就在这次"小屋会议"后的第二年，即 1824 年的 6 月，拥有"拉美解放之父"之誉的西蒙·玻利瓦尔，再次在这间小会议室主持召开国际会议，正式明确决定将在中部美洲开凿运河。

正是这间小小的会议室，在百年前催生了在美洲中部开凿运河（即后来的巴拿马运河）这一重大国际性事件。它虽然狭小晦暗，但身为伟大历史性事件的直接见证者，它的历史光芒，至今熠熠生辉！

西班牙国王，倡导开凿运河第一人

巴拿马宗主国西班牙的国王卡洛斯一世（即神圣罗马帝国的查理五世），可谓先知先觉。

就是他，早在1523年首次提出在中部美洲开凿人工运河。这是历史上最早、也是最明确的关于在拉美地区开凿运河的指令性记载。

而史上真正将开凿运河的计划提上日程而颁发进行地质勘查指令的，则是在11年以后的1534年，也是这位西班牙国王卡洛斯一世最早发出的。

老大一声令下，下面忙个不停。

来自欧洲，特别是来自西班牙的地质工程技术人员们，兴冲冲地奔赴中部美洲一带可能修建运河的山脊上四处勘测，瞄准的地区包括墨西哥南部的特万特佩克地峡、哥伦比亚西北部的阿特拉托河附近的某个地点、尼加拉瓜地峡和巴拿马地峡。

在今天巴拿马运河周边的山脊上，还可以见到当年西班牙人用星星点点鹅卵石铺就的原始驿道，那就是最早勘测运河工地的遗迹。

这次大规模的勘测，很有收获，最佳的开凿地点很快被确定：今天业已建成运河的"巴拿马地峡"，以其跨度为 61 公里的"最窄地点"而入选。

15 世纪，正值西班牙大举征服墨西哥的殖民时期。那时的巴拿马，每年都要举办波托弗洛交易会。欧洲各大商行的代理商在这里用欧洲货物换回成吨的秘鲁产白银，以及运到欧洲将非常抢手的美洲各种稀有货物。

因此，在大西洋和太平洋的最窄连接处凿通这一便捷航路，将极大促成两大洋之间的航运发达。

殖民者通过精确计算发现，如果凿开地峡，纽约至旧金山的航程将可缩短 16%，利物浦至旧金山的航程缩短 43%，而纽约至悉尼的航程也缩短 28%。来自西班牙宗主国和欧洲的人员及货物，从而能够更加便捷地在大西洋和太平洋之间穿梭。它在节省运力、发展贸易、促进经济等方面带给世界的多种裨益，令愈来愈多的人知晓、赞赏并且热切追捧。

从此，运河的凿通，促使中美洲地峡之国巴拿马更加彰显其神奇的交通枢纽战略地位，吸引来自全世界的艳羡目光。

美国，巴拿马运河的始作俑者

上文说过，1823年，就在巴拿马外交部的小楼内，由玻利瓦尔代表5国提出请求：国力强大的美国，理应承担在中部美洲凿建运河的"大国责任"。

这么沉重的一副担子落在肩上，美国会同意吗？

答案是，美国很乐意，甚至求之不得。

美国第26任总统西奥多·罗斯福于1902年下令，由美国全额负担开凿巴拿马运河工程的费用。正因作出这一伟大决定，这也被视作西奥多·罗斯福总统任内的最大功绩，他个人的硕大头像从此被美国人民塑入宏伟的"总统山"（"总统山"雕像左起第三位即是西奥多·罗斯福总统）。

然而，出钱者自有所图。

自1914年通航以来，美国一直独自掌控巴拿马运河的通航权。其间，巴拿马与美国之间为相互争夺管辖权而反目成仇，不知发生过多少次尖锐的冲突和私下的龃龉。

运河修建工程开工时的场景

直至1979年，运河的控制权才被初步转交给由美国和巴拿马共和国共同组成的一个联合机构——巴拿马运河委员会。

20年后的1999年12月31日，美国不得不将巴拿马运河的全部控制权，正式交给了巴拿马，其表述方式转弯抹角：运河的经营管理者只对巴拿马运河管理局负责。而管理局此时才真正扬眉吐气地向世界宣称：我们只对巴拿马共和国政府负责。

巴拿马运河从最初的勘测、开凿、竣工直至使用，其全部历史，无一不是奴役与反奴役、掠夺与反掠夺、侵略与反侵略的苦难历史。

多少年来，老牌殖民主义和老牌帝国主义，以及现在的超级大国，从来就没有放弃过对拉美国家的控制和掠夺，包括对这些国家的主权、领土、能源、交通等一系列经济命脉的掌控。巴拿马共和国就是屡屡遭受扩张与侵占的蕞尔小国。这个国家的历史，也总是陷入复杂的国际角逐之中，并且总是扮演受害者的角色。

争夺巴拿马运河控制权之战，就是弱国如何在强权政治的夹缝中苟且偷生的鲜活例证。

争夺开凿权之战，硝烟从未散却

开凿巴拿马运河是一块肥肉。开凿权的争夺战，早在运河动工兴建之前就已经打响，从此硝烟竟然没有消散过。

早在19世纪，巴拿马地峡的实际管辖权为哥伦比亚共和国所有。1831年至1858年间，哥伦比亚名为新格拉纳达。这个年轻的小国做梦都想将巴拿马运河的开凿权纳入囊中，但实力单薄的它，面对涛涛河水只能徒唤奈何。

新格拉纳达曾幻想依托外部力量，促成开凿权的回归。但拉美民族素来极强的民族自尊感，以及本国民众随时可能出现的巨大反抗，均迫使政府将租让权哪怕交给本国的民间公司，也不敢延聘任何一家外国政府。

但是，本国民间公司的资金实力毕竟有限。如此浩大的工程，哪一家私人公司能够胜任？

就在1824年西蒙·玻利瓦尔提出请美国参与开凿工程22年之后，1846年12月12日，经过为期一年的艰苦谈判，美国与新格拉纳达缔结了《美国、新格拉纳达和平、友好、航海及通商条约》，也称《彼得拉克—马利亚里诺条约》。该条约共36条，有效期为20年。

其中第35条，规定美国拥有下列权利：

> 美国公民、船只、商品在其境内可以享有新格拉纳达公民所能享有的种种权利（全部免税、特权和豁免），通过巴拿马地峡的美国旅客、邮件和商品也应给予同等优惠，将来在巴拿马修建任何交通设施时，其通行权或过境权应对美国政府和公民自由开放，新格拉纳达政府不得向美国公民征收高于新格拉纳达公民的通行费用，对美国商品也不得征收进口税。

以此为基础，美国政府同意就巴拿马运河对新格拉纳达作出3项承诺：

> 1.保证巴拿马地峡地带的完全中立；
> 2.保证未来运河的自由通行在任何时候都不会被中断或受到阻碍；
> 3.保证新格拉纳达政府拥有巴拿马地峡的主权和财产权。

1850年，美国耗资750万美元在巴拿马地峡修建连接两大洋的铁路，历时5年完工。

按照美国与新格拉纳达签订的条约，从1846年起，美国公民拥有自由穿过巴拿马地峡的权力。

从此，潮水般涌来的美国游客为巴拿马带来了美元，但在巴拿马人看来，这种经济上的输血却几近侵略。

巴拿马人对美国人从一开始就拥有本能的恐惧和敌对情绪。

"西瓜之战",腥风血雨起于青萍之末

1856年,一起看似偶然的流血事件,验证了巴拿马人反美情绪的社会担忧,即为"西瓜之战"。

当年的4月15日,一个美国人在科隆市街面上向一个巴拿马人买了一片西瓜,因区区1比索的价格而与摊主发生纠纷,美国人傲慢地拒付,从而引起了一场大规模群众斗殴事件。

当时围观的巴拿马人和美国人情绪都很激动,小冲突迅疾演变成一场持续数小时的枪战。那名买瓜的美国人丢了命,还有31人死伤,其中巴拿马方面伤亡15人。一场西瓜之战,点燃了两国民众、主要是巴拿马人民对美防范与仇视的怒火,巴拿马城的局势几近失控。

同年7月,两艘美国巡洋舰驶抵巴拿马城的港口坐镇。1856年9月19日,160名美国海军陆战队员登陆,占领了巴拿马火车站。

两国这一下真的闹掰了。

其后的停战谈判,谈谈停停,一直拖延到近10年后的1865年,即美国南北战争结束后,双方才正式签订了条约。其间,1861年,已改

各国殖民者争相登陆巴拿马城,一边对当地资源进行疯狂掠夺,一边围绕巴拿马运河的开凿权进行拼命争夺。

名为哥伦比亚的新格拉纳达,屈辱地承诺赔偿美国41万美元,总算了结了这桩公案。

元气大伤的哥伦比亚和强邻美国,就像一对聚散两难的冤家。1869年1月14日,哥伦比亚又是被迫与美国签署了凿建巴拿马运河的条约,规定哥伦比亚将巴拿马运河开凿权及运河地区租让给美国,租期100年,期满后归还哥伦比亚。

但是,签了约的"山姆大叔"其实并不急于修建运河,它继续拖延着,只是琢磨如何更好地独霸运河区域这一势力范围。

哥伦比亚政府眼睁睁地看着美国政府的不作为,无奈之际,只好悄然地把目光投向欧洲大陆以另择高枝。

时逢1869年，由法国主导修建的苏伊士运河通航后，欧洲金融资本顺理成章地把目光转移到中美洲。1876年，由法国控制的洋际运河工程国际公民协会组团来巴拿马考察，并与哥伦比亚政府达成了由法国来承建巴拿马运河的协议。

形势急转直下。1879年7月5日，法国洋际运河工程总公司正式得到开凿运河的租让权。

法国李代桃僵，人荒马乱

明明说好要请美国来凿建运河，现在却被法国独占了鳌头，"山姆大叔"的那个恨，牙关咬得痒痒的。

摩拳擦掌的法国洋际运河公司也挺争气，一口气拿出 8 套施工方案。

开凿巴拿马运河正式动工时间，被定于 1883 年 2 月。

没有料到的是，法国人从开工这天起，在其后 19 年的灾难性施工中，一再地遭遇各种"滑铁卢"，最终不得不铩羽而归，并被迫在 1902 年，以仅为 4000 万美元的低廉到近乎耻辱的价格，将运河开凿权转让给了美国。

这时的美国总算咧开了大嘴，估计心里嘀咕的是："谁笑到最后，谁笑得最好。"

在巴拿马运河历史博物馆的陈列图片中，我看到了一只长腿大蚊子的特写，更有多幅法国危重疫病患者在医院接受抢救的场景。

原来，尽管迫使法国人撤离工地有多得数不清的理由和原因，但被法国人归结为首要原因的，竟是这一群群长腿妖娆的大蚊子。

来自欧洲地中海沿岸、生性安宁优雅的法国工程技术人员们，更有各国卖苦力的劳工们，一进驻到施工的丛林现场，就遭遇到热带雨林里无数硕大的蚊虫、毒虫、害虫、怪虫的轮番叮咬。特别是黄热病的暴发，医院人满为患，病员大量死去。最后，实在无法忍受的法国人只能黯然逃离。

设在运河船闸办公楼顶楼的这家历史博物馆，是巴拿马运河唯一的正规博物馆，接待过世界各国无数的客人。博物馆介绍道，由于巴拿马地峡和运河流域恰好置于潮湿闷热的热带雨林，其环境格外恶劣，丛林密布、交通闭塞、地形复杂、基础设施落后，缺乏起码的施工条件。当来自55个国家、多达4万多名的施工大军骤然降临时，迅速蔓延的黄热病顿时打乱了这里的生态平衡。

各种平时难得一见的疫病四下蔓延，这里瞬间沦为了人间地狱，灾难随时会张开血盆大口，赫然吞食着所有的不速之客，令一个又一个鲜活的生命顷刻消失。昔日看似山清水秀的热带雨林大自然乐园，已是远近闻之色变的人类屠宰场。

记得曾有人这样记述黄热病蔓延惨状：

> "然而工程重开不久又被迫再次停工，停工原因很简单——没有工人干活了，85%的工人都住进了医院。黄热病可怕的症状再加上高死亡率让美国运河工谈'黄'色变，甚至整船的工人在听到黄热病暴发的传言后便一哄而散。"[1]

---

[1] 宁方刚：《八卦医学史2》，鹭江出版社，2017年版，第113页。

历史记载，黄热病和疟疾最终没能在巴拿马运河区肆虐久远。

原因是，1900年，古巴医生卡洛斯·芬莱和美国军医瓦尔特·里德相继研究出黄热病是一种不同于细菌的病毒，它是通过某种蚊子来进行传播的。1904年，美国总统西奥多·罗斯福的私人医生威廉·戈格斯被派往巴拿马运河区考察，美国随后决定在运河区近1300平方公里开展大规模的灭蚊运动。

1905年，美国投资100万美元，历时一年多，动用4000多人的"灭蚊部队"，使用120吨杀虫粉、300吨硫磺、600000加仑防蚊油、3000个垃圾桶、4000个水桶、1000把扫帚，布置了1200个熏蒸点，几乎将整个运河地区周围变成一个无蚊区。

1906年11月11日，巴拿马运河出现最后一例黄热病死亡病例，疟疾也得到了有效控制。

在加通水闸的公路边左侧，有一片名为"希望之山"的绿色山峦，这里就是当年遗留下的死者坟墓。远观群峦，墓碑星星点点，难以计数，这些坟墓的主人都是为巴拿马运河献身的各国贫苦而年轻的亡灵。在几十年的运河开凿史上，导致近3万人因伤病致死，其中包括大量来自中国的贫穷劳工。

再隔若干年，这段血泪历史肯定会被世人遗忘。当年怀揣发财梦或被欺骗拐卖而背井离乡，从万里之遥的异国来到巴拿马的各国劳工，他们的姓名、亲人、后代……早已无人知晓，也无人惦记。鲜活的生命，就像一抔灰烬，消失于世间。

当今天的巨轮昂然通行运河之时，每一艘轮船是否应该献上一个特别的礼仪，比如鸣笛，比如升旗，只为纪念献身于早期开掘运河的无名牺牲者！

其实，比炎热气候和恶劣环境等"天灾"更可怕的，是屡屡肇事的"人祸"。

起初，法国人照搬苏伊士运河的经验，认为可以利用巴拿马地峡众多的湖泊修建一条海平式运河。谁知施工4年之后，傲慢的法国人才发现巴拿马地峡临太平洋一端的海面，要比加勒比海一端低出20多厘米，根本无法修建海平式运河，这一过迟的发现，也给法国洋际运河公司以致命一击。

美国人的背后拆台，则令法国人尤其恼怒。据资料记载，由美国人经营的巴拿马铁路，对于运河物资的配送运输百般刁难，法国运河公司最终不得不以2550万美元的天价买下了这条仅值750万美元的铁路，但所留用的美国铁路员工依然不断地捣乱怠工。

压倒法国运河公司的最后一根稻草，是内部的腐败。高管层大肆侵吞运河股票资金，150名法国政府部长和议员接受了贿赂。

就这样，法国洋际环球巴拿马运河公司终于在1889年宣告破产。

一个正在火热施工的巨大工程，甲方居然宣告破产了，这对工程的迎头痛击，何其致命！

美国接手工程，更想攫取主权

那时的美国，尚未真正成为世界霸主，但经历1898年美西战争后已一跃而为世界强国。当时已对法国怀恨在心的美国时任总统拉瑟福德·伯查德·海斯，接手巴拿马运河工程后狠狠地发话：美国必须把巴拿马运河控制在自己手中，决不能放弃这种控制而将运河交给任何一个欧洲国家。

这位在任总统使出一招，决定邀请在南北战争功勋卓著的著名将军、前总统尤里西斯·辛普森·格兰特出山。格兰特前总统立即亲自组织一个由他本人任主席的巴拿马运河工程临时协会，强势地介入了此案。

说到格兰特，我立马回忆起曾经去过他的旧居。那是在1996年，作为美国政府"国际访问者计划（USIV）"的参与者，曾在美国拜访过已故总统格兰特的旧居。只见他家那幢白色小屋，在过道墙面上挂着一长溜历史照片，其中就有格兰特总统被众人簇拥、正踌躇满志地发誓要为美国夺回巴拿马运河控制权的场景，他的表情非常亢奋。

由这位南北战争英雄出头领衔，局势果然不同凡响——格兰特竟于1880年派遣了两艘美国巡洋舰直抵哥伦比亚港口，借"访问"之名炫耀武力并施以威胁。

法国人最终无力抵挡美国人的压力，不得不于1902年1月4日，向美国政府转让了自己在运河的财产和租让权。

24天后，美国国会快速授权西奥多·罗斯福总统，敦促美国政府完成对法国运河公司的收购。但转让还须得到哥伦比亚政府的同意。哥伦比亚政府的提议是：将宽度为6英里的运河区划归美国，租借期为99年，期满后运河由哥伦比亚政府收回，不得续租，运河治安由哥国军警负责，租金也需相应提高，并且将美国给法国的4000万美元中一半归哥伦比亚政府。但这个方案又遭到了美国的坚决反对，美国宣称，如与哥伦比亚政府交涉失败，就用尼加拉瓜路线代替巴拿马。

1903年1月22日，在哥伦比亚政府的妥协退让下，美国与哥伦比亚签订了《海约翰—埃尔兰条约》，该条约被哥伦比亚媒体一致认为是丧权辱国的不平等条约，号召人民起来反对，甚至提出"寸权不能失、寸土不可丢"的口号。8月12日，哥伦比亚国会慑于公众压力，否决了这个条约。

"火山邮票事件"，美国一盘大局

善良的人们，可不要一听说殖民地闹独立，就以为是天经地义的正义之举。其实有些"独立"，乃"假汝之名而行之"。

巴拿马的独立，就是美国策动的一盘大局。而促成它独立的催化剂，源自小小的"火山邮票事件"。

原来，随着美国国力的增强，美国人在未来运河上的态度越来越强硬。1880年，美国总统更是毫不掩饰地宣布未来的运河必须是美国海岸线的一部分。最终在1902年，迫使法国人放弃对运河的权利，明确除了美国外，他国无权管理运河。

挤走法国人后，美国人决定开凿地点还是选择在巴拿马。于是，美国人以一次性1000万美元和每年25万美元的租金，企图让哥伦比亚就范，从而获得在巴拿马修筑运河的权利。

然而，当时的哥伦比亚乃是美洲最强的国家之一，如果屈从美国意愿，它的国力无疑从强国变成了弱国。哥伦比亚当然不同意出让自己的主权和土地。

自《海约翰—埃尔兰条约》遭到哥伦比亚否决后，美国决定不再与讨厌的、摇摆不定的哥伦比亚国会打交道了，转而彻底摆脱哥伦比亚，直接把巴拿马从哥伦比亚分离出来，那就是让它独立。美国人说，只有发动独立革命，才能实现美国的愿望。

1903年，美国总统西奥多·罗斯福蛮横地表示，美国可以在巴拿马采取任何行动，完全不需要考虑哥伦比亚政府。

此前由玻利瓦尔的个人魅力所撮合，并由哥伦比亚、委内瑞拉、厄瓜多尔一起组成大哥伦比亚联邦共和国才稳住的巴拿马，其民众中一直存在谋求独立的民族主义倾向。巴拿马社会的精英阶层对于这个纯粹拼凑起来的联邦国家，长期缺乏认同感和信任感。而哥伦比亚中央政府多次武力弹压，更是加剧了巴拿马人的独立意识。特别是当1830年大哥伦比亚联邦共和国烟消云散后，巴拿马继续沦为新格拉纳达共和国的一个省，这一从属的国家命运，令巴拿马精英阶层为之愤怒，于是激发出巨大的政治反抗。但是，巴拿马想独立并非易事。

就在这时，一个看似不可思议的小小契机，促使这一重大历史进程快速地变为可能。

1896年，巴拿马的铁路修建和运河工程铺开，促使巴拿马精英阶层对未来充满瑰丽的幻想。当美国与法国、哥伦比亚为运河租让权的问题闹得不可开交时，急于独立的巴拿马精英阶层，便与昔日的死对头——美国和法国的运河公司组成了一个奇怪而别扭的利益共同体，以此抵御哥伦比亚政府。

1902年，与哥伦比亚政府的谈判协商未果的情况下，美国国会准备为开凿尼加拉瓜运河拨款。一旦拨款，运河就将远离巴拿马而前往尼加拉瓜。

如何化解美国参议员投在尼加拉瓜的赞成票，转而增加他们对巴拿马运河工程的信心和支持，继而促成巴拿马的独立，这就是当时奇怪别扭的利益共同体的当务之急。

正在这时，加勒比海的一座活火山喷发了。

置身于利益共同体之中的法国人布诺·瓦里亚的灵感被空前激发，他决定利用这一信息游说美国参议员改弦更张。为此，他想起几年前尼加拉瓜曾发行过一枚邮票，上面有著名的摩摩通博火山喷发的照片，而这座火山就在尼加拉瓜运河开凿路线附近，虽说摩摩通博是座死火山，但邮票上的确印有一缕白烟正环绕着山顶。其实，那次喷发的火山并不是摩摩通博火山，而是名为培雷的活火山。

布诺·瓦里亚于是设法集齐90多枚有火山喷发图案的邮票，并把它们分别寄给美国的国会参议员。在这些邮票的背面，都有瓦里亚的亲笔附言："尼加拉瓜火山活动的官方见证。"

果然不出所料，当美国参议员们看到邮票后，均被误导，以为那座至今依然肆虐的培雷火山就是摩摩通博火山。如果对开凿尼加拉瓜运河投赞成票，势必导致工程遭遇摩摩通博这座活火山的威胁。于是，所有的议员全票否决了在尼加拉瓜开凿运河的议案。

美国国会原拟通过的在尼加拉瓜修建运河的议案就此胎死腹中。改在巴拿马修建运河，遂成为美国参议员的不二选项。

从此，美国国会议员们全力游说全国人民支持在巴拿马开凿运河，同时策动巴拿马的独立运动，以排除哥伦比亚的干扰。

1903年6月，美国《纽约世界报》发表文章指出，"哥伦比亚政府不断为美国收购法国运河公司设障，巴拿马人民应该捍卫自身利益，摆脱哥伦比亚的暴政"。

PADRES DE LA PATRIA - 3 DE NOVIEMBRE DE 1903

1903年11月3日，巴拿马新政府成员一起合影，每一位成员在照片空白处签名留念。

在美国的支持下，阿马多尔·格雷罗和阿兰戈组建了"巴拿马爱国者小组"，哥伦比亚驻巴拿马司令乌埃尔塔斯后来也秘密加入"爱国者小组"。哥伦比亚政府发觉巴拿马的异常，派两名将军率领军队乘一艘炮艇前往巴拿马城。1903年11月，两位将军刚到巴拿马城，就被乌埃尔塔斯逮捕。阿兰戈在广场当众宣布成立巴拿马临时执政委员会。

就这样，在美国的策动下，1903年11月3日，巴拿马爆发了独立革命，并于第二天宣布摆脱哥伦比亚统治：巴拿马共和国独立了。

随后，美国军舰满载着美军抵达，迫使哥伦比亚政府军撤退，美军完全控制了整个巴拿马。

1903年11月6日，美国正式承认巴拿马的独立，并把曾经开给哥伦比亚政府的价码转而开给新成立的巴拿马政府，从而迅速获得了新成立的巴拿马政府的批准。随后，巴拿马运河区被美国霸占，变成了美国在巴拿马共和国的"国中之国"，美军还在那里建立起了南方司令部。

在巴拿马城举行的群众集会上，巴拿马人民表现得似乎没有想象中那般高兴，因为当选为巴拿马共和国首任总统的阿马多尔，在宣布国家独立的庄严时刻，竟然激情难抑地振臂高呼：

巴拿马共和国万岁！
罗斯福总统万岁！
美国万岁！

自己国家的开国之君，竟会如此谄媚地讨好并呼喊对另一邻国之君的感恩口号，此举令巴拿马人民感到难堪和尴尬，世界外交史上也对此传为笑谈。

在今天的巴拿马运河博物馆，还郑重地陈列着几枚100多年前的、印有摩摩通博火山图案的邮票。那邮票旁的说明文字这样写道：

1880年，法国人设想修建一条打通巴拿马地峡的水道，但却没有能实现。几年以后，美国也对打通太平洋和大西洋的水道产生了兴趣，于是准备穿越尼加拉瓜建造这条运河。

1902年，正当美国国会将对这一工程进行表决的前夕，加勒比海马提尼克岛上的培雷火山爆发了。剧烈的火山彻底毁灭了繁荣的港口城市——圣皮埃尔城，从而引起了全世界的震惊。中美洲顿时躁动不安，美国也一片哗然。

极力主张在巴拿马地峡建造运河的法国工程师布诺·瓦里亚大喜过望，突然想起几年前尼加拉瓜发行过一枚邮票，上面印有一座火山喷发烟雾的图案，他想借此来证明在巴拿马建造运河的设计才是安全和最理想的方案。于是，他跑遍华盛顿找到了90枚这样的邮票，分送给一些美国议员以作游说。其实，那邮票上的却是摩摩通博火山。

这一偷梁换柱之举，居然使布诺·瓦里亚的计划轻易得逞。

美国国会一举通过了建造巴拿马运河的决议。

……

1914年，宏大壮观的巴拿马运河正式建成。

谁也没有料到，这几枚小小的邮票，竟然催生出如此伟大的世界奇迹！

"国中之国",催生巴拿马运河通航

巴拿马独立后,在美国的催促下,新政府不负众望地于1903年11月18日签订了《美国与巴拿马共和国关于修建一条连接大西洋和太平洋的通航运河的专约》,简称《美巴条约》或《海约翰—布诺·瓦里亚条约》。

签约当天,西奥多·罗斯福总统高兴地说:"我拿到了地峡!"

有报道记载,美国参议员评论道:"巴拿马人民是站起来了,就像11个人一样!因为巴拿马的独立起义是在美国支持下,由7个巴拿马人和4个美国人策划的。"这些人数,正是条约上的签字人数。

还有记载,美国教授塞缪尔·早川令人费解地说道:"我们是正当地偷窃了它!"

原来,这个新条约作出了规定,美国保证巴拿马的独立,但巴拿马应把宽10英里、面积1432平方公里的运河区交给美国永久占领、控制,巴拿马湾中的一些岛屿也要交给美国使用。条约第三条更是明确规定,巴拿马共和国不得在运河区执行国家主权;另一条还规定美国有权对巴拿马城和科隆城进行干涉，以维护公共秩序。

"国中之国"，美国唾手而得。

美国人的介入，使巴拿马运河工程全面恢复，预算得到了控制，工期大大提前。

1914年8月15日，巴拿马运河完成了试航。

1920年6月12日，巴拿马运河正式通航。

磕磕碰碰的巴美关系

"当你以卵击石时,卵碎;换言之,当你以石击卵时,卵亦碎。美国,石也;巴拿马,卵也。无论何种情况,卵皆碎矣!"

一位巴拿马外交官,1927年10月2日在《纽约时报》发文描述巴美关系时,曾经这样形容道。这段话,深刻反映了当年巴拿马对美国的无奈与无助。

直至现在,美国的影子在巴拿马仍然是无处不在。

漫步于巴拿马城新城的街头,美国的各色著名银行、证券交易所和事务所的企业标志随处可见,如高盛、摩根士丹利、美林证券、雷曼兄弟公司、贝尔斯登等公司的驻巴拿马分公司和办事处,它们均坐落于高耸云天、光怪陆离的大厦之中。美国对巴拿马国家经济命脉的掌控,就在这种参差错落中深深地嵌入巴拿马的骨髓。

巴拿马,是世界上第一个除美国以外以美元作为法定货币的国家。

1907年起，这个国家就把美元作为本国的正式流通货币。

巴拿马也有自己的货币，名为"巴波亚"，其与美元等值，同时在境内流通。不过，平时基本上没有机会见识到大面额的巴波亚，因为人们几乎不怎么使用它。偶尔乘坐巴士时找回的几枚巴波亚硬币，已被我视为收藏品而带回了中国。

人们常说，拉美是美国的后院，巴拿马就是跨向美国的外门。但巴拿马与美国的关系，一直跌宕起伏、时好时坏，殊为诡异。

两国曾于1964年1月断交，但同年4月又迅速复交。1989年美军入侵巴拿马并扶植起了恩达拉傀儡政府，虽然得罪了大多数拉美国家，但恩达拉政府上台的头两年，美国为其输血打气而一口气提供了4.61亿美元的援助。

这种若即若离的特殊关系，导致两国关系呈现鲜明的两面性，即政府接纳美国，民众排斥美国。

为收回运河主权，巴拿马人民进行了长达半个多世纪的斗争。美国对巴拿马的一系列历史性伤害，令世人有目共睹，更是巴拿马人心中永远的痛。

这段历史，最早得从1903年签订的条约说起。正是这个《美巴条约》，使巴拿马从此沦为美国的保护国，巴拿马人无权管理自己的运河，国家也因此丧失了主权。

2000年，来自巴拿马运河管理委员会的统计表明，自1914年运河通航以来的86年中，共有约82.5万艘船只通过巴拿马运河，其货运量约占世界贸易货运总量的4.3%。

但是，自1920年运河向国际开放至20世纪80年代末的60多年中，美国从过往运河的船只中收取的费用高达 450 亿美元，而分给巴方的仅为 11 亿美元。

难怪巴拿马人不喜欢老美，这邻居也太抠门了。

美军进驻，巴拿马人锥心之痛

如果只是钱分少了，那还另说；关键是美国在运河区域一下子建起了14座军事基地或要塞，并成立了"加勒比海司令部"，后又扩大为"南方司令部"，负责美国本土以外西半球的三军行动。

冷战时期，运河区内竟部署有多达6.5万名美军官兵和数千名文职人员，其密度之高全球第一，令人咋舌。

人们不禁发问：巴拿马的国家主权去哪了？你是美国的附属国吗？

那片昔日的美军基地，至今仍然属于巴拿马城市中绿色覆盖最好的地区之一。早已换了主人的军营，眼下依然屋舍整齐、道路平坦，婆婆的护道树木，犹如站岗的士兵般挺拔。

一位友人告诉我，当年得知美军已经全部撤离的消息时，巴拿马城的市民们无不欣喜若狂，几乎全都涌到这处军营看热闹。人们纷纷以极低的价格，将军营里所有的东西，如汽车、家具、盥洗用品、厨具等，悉数买得或拿得个空空荡荡。剩下的一批房屋被巴拿马政府以拍卖的方式予以处理。

当年的美军基地建筑，如今已成为巴拿马私人住宅。

前面说过，没有主权的国家，人民的人权也会被剥夺和丧失。美国人当年在巴拿马的骄横跋扈，从他们为自己制定的生存标准就可以看出端倪。

美国白人占据着运河管理层所有的"黄金级"职位，其待遇非常优厚，不仅收入免税，薪酬还超过美国本土25%以上，食宿、医疗都是免费供应，还可在内部商店买到价格低廉的商品。次一等级的是"白银级"，职员多来自英属西印度群岛的黑人，绝大多数是巴巴多斯人。他们成群结队地定居下来，令巴拿马人感情上强烈排斥并反感。

虽然巴拿马人工作起来的确不具备"黄金级"职员那般高超的技术素养，也不具备黑人勤勉的劳动素质，但巴拿马人依然不能容忍来自北方侵略者的横行无忌。

这种仇富心理带来的仇美意识，逐渐积累成为巴拿马举国的政治共识。

"国旗事件",反美怒火瞬间点燃

终于有一天,积蓄已久的反美情绪被引燃点爆。

美军好不容易进驻巴拿马,为什么后来全部撤除?是什么原因导致他们一溜烟地回了老家?

促使美军全部撤军,从而把巴拿马运河管辖权真正归还巴拿马的,缘起于一次突发的国旗死亡事件。

根据美国强制签署的条约规定,运河区域只准悬挂美国国旗,不许悬挂巴拿马国旗。后经巴拿马人的反复抗争,1960年,美国总统艾森豪威尔同意在运河区同时悬挂巴拿马国旗,但却又遭到了运河区美国人的抵制。

1964年1月9日,一名巴拿马青年学生勇敢地携带国旗进入运河区并升起国旗,却被美国驻军开枪打死。这一暴行,犹如干柴烈火,瞬间点燃了巴拿马人埋藏心头已久的民族仇恨。

为了维护国家主权和民族尊严,3万多人闯进运河区,坚决要求在运河区升起巴拿马国旗。多位青年学生更是手持国旗,高呼反美口号,纷纷攀爬并翻越铁丝网，试图进入美军营区。

美军对闯入的示威者进行血腥镇压，两天内打死伤共 400 多名巴拿马人。

美国的残酷镇压，导致愤怒的巴拿马人民更加强烈地反抗。巴拿马人随即袭击美国大使馆，焚烧美国新闻处。1 月 10 日，巴拿马政府与美国断绝外交关系，并宣布废除运河条约。巴拿马城和全国多座城市，也同时举行了罢工、罢市、罢课，以抗议美国暴行。1 月 12 日，10 万人为英勇献身的爱国青年举行隆重葬礼。

陈列于巴拿马城市博物馆的模拟展示中，抗议学生正翻越运河区铁丝网。

今天的巴拿马城老城的街头，依然伫立着记录当年这一壮举的金属雕塑。在巴拿马城市博物馆，也展示着一面模型墙，陈列着当时青年人翻越铁丝网的历史性场景。

1965 年起，巴拿马政府将每年的 1 月 9 日规定为"全国哀悼日"。巴拿马人民的正义斗争，得到了全世界亿万人民特别是拉美和亚非各国人民的有力支持。于是，就有了前文所述的，一群人在中国街头游行，高呼支持巴拿马人民反美斗争的壮观场面。"打倒美帝国主义"这个熟悉的口号，曾经同时在巴拿马和中国大地回响。

在此情况下，美国被迫同意与巴拿马谈判。巴拿马新总统奥马尔·托里霍斯执政后，在人民的支持下，他更是多次公开要求收回运河区的管辖权。

说起这个托里霍斯总统，有人说他还是毛泽东的"粉丝"。

1929年2月13日，奥马尔·托里霍斯出生于巴拿马最穷的贝拉瓜斯省的一个知识分子家庭，这里民风彪悍，是早年抗击西班牙殖民者英雄辈出的地方。20世纪40年代，托里霍斯在师范学校读书时，就受到左翼教师的影响，毕业后放弃了当教师的想法，而是前往萨尔瓦多学习军事，1952年回国加入国民警卫队。对他来说，最大的刺激和不能忍受的是，当美国兵在巴拿马城的饭店里玩弄凌辱巴拿马少女时，他却还得带兵在门口实行警戒。

1968年10月政变成功后，托里霍斯上校出任国民警卫队总司令，并成立临时执政委员会，在学生和农民的支持下，控制住了巴拿马全国局面。

通过军事政变上台的托里霍斯，上任伊始即开始了与北京的接触。

1973年5月，中国新华社在巴拿马城设立新华社巴拿马分社。著名外交家徐贻聪大使这样回忆道："1979年5月，刚刚开始'改革开放'的中国需要扩大对外界的了解，加大与国外的合作。在此情势下，我接到任务，作为'新华社巴拿马分社首席记者助理'，去巴拿马和其他中美洲国家开展友好工作。经过约半年的准备和联系，我于当年11月底，同首席记者及他的翻译一道，经巴黎飞抵巴拿马城，开启一项全新的工作，即通过'采访'和记者的活动接触各方面人士，相继做些友好、交友、联络、沟通方面的事情……"

1972年，托里霍斯当选为巴拿马的政府首脑，同年颁布了新宪法。从这一年开始，他开始了一系列国有化运动。先是没收美资电力公司，

1974年又征购美资电讯公司、接管美资水果公司、赎买巴拿马航空公司，同时建立农业合作社和农民委员会实行土改，大力发展教育事业，还建立了300多个全国农村医疗站，培养出大批赤脚医生。

关于运河，托里霍斯总统说得很直接："我们过去、现在、将来都绝不是美国一个州或殖民地，我们不会在星条旗上再添一颗星。我们的根本目的就是铲除美国在巴拿马心脏建立的殖民地。"

于是，人们开始说，这个托里霍斯，显然是受到了中国毛泽东著作的影响。

1973年3月，在联合国安理会特别会议上，许多拉美国家和其他第三世界国家坚决支持巴拿马人民的正义立场。同年召开的不结盟国家的政府首脑会议以及拉美国家波哥大会议，也表示坚决支持巴拿马政府和人民对运河区的主权要求。

1974年，美国终于不得不同意"迅速结束"对运河的管辖权。

1977年9月7日，托里霍斯与美国总统吉米·卡特在华盛顿签订了新《巴拿马运河条约》（又称《托里霍斯—卡特条约》）与《关于巴拿马运河永久中立和经营的条约》。新条约规定，美国将在1999年底以前把运河和运河区的全部主权和管辖权逐步交还给巴拿马。巴拿马终于收回了运河的司法、海关、邮政、警察等权力。

但卡特总统的决定，也遭到了美国舆论的强烈反弹，该条约在参众两院是以极其微弱的多数票而勉强过关的。

这一新条约的生效，使得托里霍斯在拉美的声望达到顶峰。虽然条约并不完美，但在拉美各国来看，这无异于"虎口拔牙"。

托里霍斯有了国际声望后，想在美国后院拉起统一战线，走独立自主的道路，还想成为古巴卡斯特罗的亲密朋友。

托里霍斯对毛泽东思想的领会，在拉美领导人里面算是比较深的，包括：一是走群众路线，他的政权基石就是农民和学生；二是枪杆子里出政权，1978年拒绝了总统宝座，让罗约当总统，自己当总司令；三是独立自主。

然而，美国岂容在自己的后院有这等叛逆之徒？

于是，托里霍斯的特立独行，注定了其最终的归属——死于飞机失事。

巴拿马人夺回主权的经历，也是这个国家与美国相伴相生、若即若离历史走向的生动写照。

2017年6月19日，媒体传来美国总统特朗普和夫人梅拉尼娅在白宫欢迎到访的巴拿马总统巴雷拉和夫人洛雷娜·卡斯蒂略的消息。有趣的是，当特朗普对巴雷拉总统说："巴拿马运河运营得不错，我认为我们建造得非常棒，对吧？"巴雷拉总统却立即提醒特朗普："是的，100年前的一个项目。"

两位总统的简短对话，耐人寻味。

The
Biography
of
Panama City

巴拿马城 传

亲吻两大海洋的银色『巨蟒』

第五章

闸口张合，两大海洋的亲密接吻

站在巴拿马运河船闸的观礼台极目运河尽头，一条银色的"巨蟒"与白云蓝天无缝相衔。只见它蜿蜒萦绕，貌似波澜不惊，实则流速极快地朝着船闸方向伸展而来。

那河面的颜色，由远而近，由淡灰渐次演变为浅灰、深灰、灰蓝、银绿……形似浩大壮阔的五色彩带；而闸口更像一只神奇的宝瓶，张开大口，从容有度地将巨流悉数吸纳。

好一个水天一色、风月无边的壮丽景观！就像范仲淹在《岳阳楼记》所描绘的那样："衔远山，吞长江，浩浩汤汤，横无际涯，朝晖夕阴，气象万千……"

与我在世界各地所见其他大河的不同之处是，这条河流虽不宽敞，有些流域还显得有些狭窄，但它的运力非常强健，过往船只密度极大，闸口一片繁忙。

河面上，不同国别、不同造型的大型远洋货轮静静栖息。只有它们尾部的旗帜时时昭示着自己的国籍。这些货轮多半静静地停候着，少

大型货轮正在通过巴拿马运河船闸

量排上队的船只则鱼贯列队,有序地进入这个世界最为著名的人工运河船闸。

有着百年历史的老船闸,正张合有度地一张一弛,将闸内的水一会儿涨满,一会儿放平,使得货轮一艘又一艘地缓缓通过。就是这十几分钟乃至几十分钟的进出船闸,意味着这艘海轮已经成功穿越了伟大的大西洋和太平洋。

运河船闸的每一次张合,宛若两座大洋的每一次亲吻。穿越于两大洋的货轮,宛若游弋其间的一尾灵巧的鱼。

这就是巴拿马运河,一条世人瞩目的人工大运河。

巴拿马运河，魅力有多"大"

在北京的巴拿马—中国贸易发展办事处（即两国正式建交前互设的，带有官方性质的办事处），有一页巴拿马驻华大使馆中文版宣传页《巴拿马运河》。这张宣传页上醒目地印着巴拿马官方认为能权威代表巴拿马运河形象的文字解读，那是4组短文：

运河开凿期间，共清理出1亿5千万立方米的土石方。如将运送的火车车厢衔接，足以绕地球四圈；

1914年8月15日，汽船"安康号"首次历史性地通过巴拿马运河；

1963年5月12日午夜，"蛇峡断崖"与三座水闸处安装的日光灯照明系统启用。运河从此开始每天24小时全年无休的通行服务；

巴拿马运河新扩建的水闸，长度为427米，宽55米，约为4个标准足球场大小。

就这寥寥数语，焉能概括气势恢宏的巴拿马运河？

巴拿马运河位于大西洋和太平洋之间，修建在连接北美洲与南美洲的地峡最窄的地段。

其实，运河的流域并不长，全程仅80公里。但是，这条河有着举世无双的特殊功能——通过船闸系统，即有出入口的厢形建筑物，能帮助远洋巨轮穿行于太平洋和大西洋之间。

特别值得一提的是，巴拿马运河是当今世界上唯一一条允许任何国家的船只自由通行的主权国家内河。通航100多年来，这个国家内部尽管出现过本国人民反对殖民主义和帝国主义的民族斗争，但国家对外一直没有出现重大战乱，巴拿马没有同任何国家打过仗。

试想，在当今颇不安宁的世界，有多少国家的河流已经和正在被沦为动乱的禁区。能像巴拿马运河这样，在和平安宁的环境下，保障任何国家船只自由、安全通航的内河，哪里去找？这是多么值得珍惜的世界性优质资源！

整整一个多世纪里，这条运河一直依靠着两套大型船闸进出船舶。每个船闸均以所在地命名：北部的名为加通船闸（靠大西洋一侧，出海口为加勒比海），南部名为佩德罗·米格尔船闸和米拉弗洛雷斯船闸（靠太平洋一侧）。

只是这一历史记录，已在2016年被刷新。

这一年的6月26日，在运河加通船闸旁，巴拿马政府举行了隆重的扩建竣工典礼，从2007年开始扩建的第三套两组大型船闸，终于建成并正式投入使用。

这一新的加大号船闸共有两组，分别与北部原有的加通船闸、南部佩德罗·米格尔船闸及米拉弗洛雷斯船闸相配套，统称为"第三套船

具有水位升降功能的巴拿马运河船闸

闸"。第三套新船闸，其闸室的阶梯宽度为 55 米，长度为 427 米；另外两套旧的船闸，其闸室的阶梯宽 33.53 米，长 304.8 米。

这条伟大的运河，现在可以通行世界上最先进、最庞大的船体。也就是说，扩建后的新船闸，有胆量"通吃"世界上任何型号的远洋货轮"巨无霸"。

这里的每套船闸，均有水位升降功能。船舶从海平面（大西洋）被提升高度进入加通湖（加通湖的海拔高于海平面），以便在巴拿马中央山脉间的运河航道中航行。

船闸提升和降低船舶所用的水通过重力作用取自加通湖；通过顺着船闸闸室底部延伸的输水系统从侧壁和闸室底部导入船闸。

库莱布拉河段（又名盖拉德人工渠）是运河河道最窄的部分，从佩德罗·米格尔船闸的北端延伸到加通湖的南端甘博阿。该河段长约13.7公里,是开凿中央山脉的岩石和石灰石挖掘而成。

运河年通行量通常为1.3万—1.4万艘船舶,其商业运输活动,约占世界贸易的5%。每天为巴拿马运河工作的人员约有1万人,他们保证着运河每天24小时不间断地运转。任何国家的船只均有权接受运河提供的通航服务。

当然,巴拿马本国也有重要的进出口贸易需求。

巴拿马每天需要出运的产品,包括香蕉、蔗糖、海虾、咖啡和石油,需要运送到美国、德国、哥斯达黎加、意大利和波多黎各等国;还需要从美国、中国、日本、哥斯达黎加、德国、委内瑞拉、厄瓜多尔等国家进口工业制成品、石油及成品油、运输设备、机械及食品。由此可见,运河对巴拿马的重要性而言,无异于生命线。

因此,巴拿马运河区在北部的加通船闸附近,就设有世界上非常知名的自由贸易区——科隆自由贸易区,它位于巴拿马运河的加勒比(大西洋)入海口处。自贸区成立于1948年,有1550多家公司专事转口贸易,另有16家银行,是仅次于香港的世界第二大自由贸易区。

这天下午,朋友驱车带我去了一趟科隆自贸区,发现其内几乎囊括了世界所有的品牌。以中国人熟悉的为例,如爱马仕、路易威登、香奈尔、芬迪、珂洛艾伊、古驰、巴宝莉、普拉达、马克·雅可布、迪奥,还有江诗丹顿、亨利慕时、百达翡丽、宝玑、宝珀、柏高、伯爵、积家、格拉苏蒂、朗格等名表店和世界名牌汽车店,各个专卖店随处可见。

在自贸区内交易的任何商品均为免税。因此,在区外贵得出奇的世界级奢侈品,在这里几乎就是个"白菜价",而且绝对不是赝品。

不过,进出自贸区各只有一个出入口,且设有军警持枪检查的岗亭。人们可以在区内自由交易，但不允许以零售形式私下购买并带出自贸区，否则就会被视为"走私"而遭受处罚。

这里还有中国香港的李嘉诚买下的货场，位于运河北部靠加勒比海一侧的科隆市附近，与加通船闸隔墙相望。在一道围墙相隔的区内，能看到密密堆积的彩色集装箱，这就是名噪一时的中国香港的和记黄埔集团在巴拿马运河购买的库区。李嘉诚这一大手笔，乃是中国人在巴拿马的最大置地投资项目。

在这座货区的旁边，一堆货船正等待着进入加通船闸。这里最大一艘船只通过船闸，需要耗费近10个小时，通行费高达6位数。

关于通行费，有一个小轶闻：1928年，美国旅行作家、冒险家理查德·哈里伯顿，从这里下水游完整个运河的长度后，曾被收费36美分，当属运河史上曾经最便宜的通行费了。

"巨无霸"挤不进,"超大号"造出来

世界上的大船越来越多,超过三分之一都是散货船、油轮、装箱船,还有光彩炫目的新型大游轮,这些"巨无霸"都无法使用原有的巴拿马运河,因为它们的体量过于庞大。

每年穿越巴拿马运河的船只约有1.4万艘,超过半数的船梁都超过100英尺,只能刚刚挤过船闸,而船闸最大也仅能容纳106英尺宽的船只通过。这些船闸固然可以应对泰坦尼克号那般巨大的船只,因为泰坦尼克号的船梁毕竟只有92英尺。实际上,美国陆军工程兵部队的一项研究预测,到2030年,全世界几乎三分之二的装箱船都会大得无法通过巴拿马运河的船闸。

有报道引述运河监事会主席、也是一位经验丰富的船长米格尔·罗德里格斯的话说,"你可以想象一下,一艘长达700英尺的船,你站在12到15层高的舰桥上前进,试图通过船闸,两侧各剩仅仅2英尺"。

这位老船长的话没有错。巴拿马运河,一条载满荣耀的老运河,虽然已经庆祝了自己100岁的诞辰,但近年来已经在逐渐失去其市场份

额。因为亚洲公司喜欢用更大、效率更高的船只，通过苏伊士运河，将货物运送到美国西海岸，再用火车运走。

于是，历史选择了2006年。这位专家透露，是否需要扩建的争论一直争议不断，"所幸的是，2006年10月22日，巴拿马就运河拓宽与兴建第三套大型船闸举行了全民公投。整个巴拿马全国选民中，有43%的选民参加投票，结果有76.8%的选民表示支持"。

就这样，巴拿马政府决定投资约60亿美元扩建运河，具体方案是：疏浚河道，扩宽横跨大陆分界线的库莱布拉峡谷，并修建一座庞大的新型高科技船闸，长达427米，宽55米。

只是动工后却纠纷不断。2007年7月起征集设计，2009年正式启动这一世纪工程，当时初估将耗资52.5亿美元。但是，在2014年圣诞夜，承包船闸工程的跨国营建集团"运河联合集团"提出增加11亿美元工程款的要求，随后发生怠工罢工风潮及多重索赔纠纷，竣工日期被迫数度延后，索赔案被迫移交到国际仲裁。

除此之外，在2015年底，船闸工程因质量管控不严而出现了严重渗水，承包商再次提出要求追加4000万美元修补费用，通过仲裁后最终接受2460万美元的折衷金额……

所幸工程总算竣工。始于2007年的这项工程，于10年之后的2016年6月26日正式竣工。

曾任巴拿马运河管理局局长的豪尔赫·基哈诺指出："巴拿马运河能在国际航运领域占据重要一环，这是巴拿马人民的骄傲。"

当新的船闸最终开始运营之际，宏伟的新巴拿马运河的吨位，已是老运河的两倍以上。从此，船闸不再遭受自1914年通航以来在船只宽度、长度及吃水深度上的"巴拿马极限（Panamax）"限制。

巴拿马运河港口庞大而繁忙的集装箱码头

作为世界上最重要的航运要道之一，巴拿马运河扩建后能够通过的最大集装箱船的运力在 1.3 万标准箱左右，是过去的两倍多。运河的货物年通过量也有望从现在的 3 亿吨增加到 6 亿吨。

现在被设置在运河两端的两组新船闸，可供装载 1.3 万个 TEU（20 英尺标准集装箱）或 20 尺集装箱的超级货轮通行。全世界 99% 的装箱船以及 81% 的液化天然气船将畅通无阻。

超级大船闸的"蝴蝶效应"

巴拿马运河的超大船闸，还带来了哪些"蝴蝶效应"？

它首先改变了美国。

自得知运河进行船闸扩建以后，美国本土应声配合。从迈阿密到波士顿的港口相应地进行了疏浚，巨型新起重机也安装到位，为的是能配合巴拿马运河的运力，卸下任何一艘大船每次所能装载的 1.3 万个集装箱；纽约市与新泽西州之间的巴约纳大桥也被抬高了，耗资 10 亿美元的此项工程，为的是能让高耸的船只在桥下通行；巴尔的摩一座新的联运铁路枢纽正在建设，以便能运走数千个集装箱；而迈阿密更是耗资 6 亿美元挖掘一条隧道，使从港口拖着数千个集装箱的火车能够通过市中心的地下运输。

试想当年，美国为整修东海岸的港口曾经花费过数十亿美元，这与现在为迎接巴拿马运河扩宽通航之后大量亚洲装箱船抵达美国港口而所做的工程相比拟，美国这次在对本土内河及港口修整所花的钱，不过尔尔。

其次，它改变了加勒比和南美周边国家的重要港口。

随着亚洲东部从拉丁美洲运出越来越多的原材料，尤其是煤炭和铁矿石等经过扩宽的运河大批运往亚洲，这必将为周边重要港口增加大量的业务。谁不未雨绸缪，谁就会被甩下。

在加勒比和南美洲的国家，如牙买加、多米尼加、古巴和委内瑞拉，它们的港口都是美洲通向亚洲的门户。眼看巴拿马运河扩建工程动工，这些港口也都纷纷仓促地进行着准备。

被改变的，还有美国本土种植大豆的农场主们。

超过三分之一的美国大豆，都是通过巴拿马运河运输出去的。扩大以后的船闸和它所通过的超大货船，能够让农场主们以更低廉的成本，把更多谷物运到亚洲市场，难怪农场主们会悄然欢呼。

此外，美国在墨西哥湾中部的天然气产业，也是最大受益者之一。

专家指出，扩宽的运河将使天然气从墨西哥湾运到亚洲更加便利。大多数液化天然气船此前不能通过原有的运河闸口，但现在可以通过扩宽之后的运河闸口。

如果从"政治正确"的角度看，改变最大的，应该是巴拿马的国家形象。

很明显，"巴拿马是安全的、友好的"，这是任何国家的船只在自由安全通行于这个主权国家内河时，人们必然会发出的感慨。这个国家通过展示"运河硬实力"，还赢来了和平、安宁和友好的"人文软实力"，它所彰显的，不正是良好的国家形象吗？

"运河扩建后，各国将会对我们刮目相看！"曾在美属运河时期担任过工程师、前任巴拿马运河管理局局长的豪尔赫·基哈诺这样自豪地说。

此言不虚。

中国远洋轮，通航典礼唯一通行的礼遇轮

2016年的6月26日，巴拿马政府在位于大西洋一侧的加通新船闸现场，隆重举行了巴拿马运河扩建工程竣工通航典礼，时任巴拿马共和国总统胡安·卡洛斯·巴雷拉和来自世界70余国的领导人和高级官员出席庆贺。

这天典礼仪式上最引人瞩目的一幕，是有一艘远洋轮作为唯一通航的象征，昂然驶过崭新的船闸，而这艘绝无仅有的礼遇远洋轮，正是来自于中华人民共和国。

在现场采访的新华社记者许雷和苏津激动地报道了这一消息：中国远洋海运集团旗下的"中远海运巴拿马"号货轮，是典礼仪式上通行的第一艘、也是唯一的远洋轮船。

这条新闻说，巴雷拉总统在首航船舶欢迎仪式上，为"中远海运巴拿马"号货轮授予首航过河纪念牌，并向中远海运集团董事长许立荣授予运河新船闸开通纪念银币。许立荣表示，巴拿马运河扩建启用是全球海运基础设施的重要升级，作为全球最大的航运公司，中远为"中远海

运巴拿马"号货轮成为运河扩建后的首航船舶感到荣幸和自豪。

一个尚未建交国家的远洋轮,何以获此殊荣?

原来,就在2个月前的2016年4月29日,巴拿马运河管理局举行了运河首航抽签仪式,中国的中远集团一艘货轮幸运中签。为庆祝巴拿马运河扩建启用,这艘原名为"Andronikos"的货轮,因获首个通过扩建后的巴拿马运河而更名为"中远海运巴拿马"号。

"中远海运巴拿马"是一艘新轮,建造于2016年,船长299.99米,宽48.2米,可满载9443个TEU,入级法国船级社。据介绍,为参加巴拿马运河首航仪式,"中远海运巴拿马"号轮于6月11日从希腊起航,历经10余天的海上航行,于6月25日抵达巴拿马,最终目的地是韩国。其货运能力从船体满载的集装箱上足以看出。

尽管享有首航万众瞩目的殊荣,但它也必须按规定为本次通行船闸交买通行费约58.6万美元(约合389万人民币)。

典礼仪式后,这艘中国远洋轮满载集装箱,从运河大西洋一侧缓缓驶过,并在北京时间2016年6月27日的晨间,进入浩瀚的太平洋。

目前,中国是仅次于美国的巴拿马运河第二大用户,也是第二大货物来源国和第二大货物目的国。继中国香港之后的世界第二大自由贸易区科隆港,已成为连通中国与拉美的重要贸易枢纽,95%以上的中国货物从这里发往周边各国。

巴拿马前总统托里霍斯就说过这样的话,中国经济和对外贸易持续增长有目共睹,中国和美国东部、拉美等地区的贸易运输以每年超过20%的速度增长,"欣欣向荣的中国经济发展前景取代了我们对扩建运河的巨额投资可能带来风险的担忧"。

The
Biography
of
Panama City

巴拿马城 传

旅巴华人一路走来

第六章

中国人因何而来巴拿马

华人最早因何而来到巴拿马？

在中国，还比较难于找到权威的史书以阐释这段历史，即使中国社科院拉美所编纂的《拉丁美洲史稿》，其中对巴拿马华人的迁徙史似也语焉不详。若非亲自来巴拿马走一遭，我断然也不会知晓原委。

据中国《梁书》记载，东晋僧人慧僧于公元449年抵达今日的墨西哥。这是最早的记载中国人迁徙到拉丁美洲的文字。

从19世纪中叶开始，西班牙及法国开始从中国向拉丁美洲输出契约劳工，两国输出拉美的中国劳工人数占总数的54%，英国、美国、葡萄牙和荷兰步随其后。1847年，第一批中国劳工来到古巴种植烟草和甘蔗。两年后的1849年，又有一批契约劳工抵达秘鲁开采鸟粪磷矿。

这些中国劳工大多来自东南沿海省份，如福建的厦门，广东的中山、鹤山、开平、恩平、南海、台山等地。

当时年轻的中国人轻信外国人贩子的巧言利诱，以为拉美的街道真的铺满金银任人拾取，以为暂时远渡重洋卖苦力后能够赚到大钱衣锦还

巴拿马运河博物馆内陈列的巴拿马第一艘贩运劳工的机帆船模型。

乡，因此不少人受骗签约。还有不少人则是在街头被强行掠夺上船，更有因欠赌债等原因被迫上船。

远航中，所有中国契约劳工均难以忍受漫长的，甚至最长达168天的海上非人虐待与折磨，许多劳工在途中死于疟疾、伤寒等病症，因此一路上抗议骚动频繁。据史载，那些年有多艘载运劳工的船舶因骚动而被迫中途返航，所幸全船劳工重获自由。

据英国政府移民档案上记载，1852年，曾有300名中国契约劳工驶往新格拉纳达，途中有72人死亡；1853年，有425名中国劳工再度赴新格拉纳达，途中96人失踪。史学家分析认为，中国人当时前往的新格拉纳达，正是今天的巴拿马。

这是对中国人来巴拿马最早的文字记载。

但是，中国人登陆巴拿马的精确时间记载，是1854年的3月30

日。记录这一历史时刻的,恰是《巴拿马先驱报》。

1854年4月1日,《巴拿马先驱报》第二版发表了下列报道:

> 海巫号帆船载运705名中国劳工,从中国的汕头出海,经61天的航程,已于昨日中午抵达港岸。
>
> 海巫号此行顺利,尤其是成功地载运了中国劳工。航程中仅11名劳工死亡,安抵港口的有694名,其中4名伤残,且全部是男性华工,看上去身体状况良好。
>
> 据了解,这些中国劳工在航行途中表现良好。
>
> 这艘海巫号帆船,为Howland and Aspinwall海运公司所有。它全长190英尺,船首雕有龙身。
>
> 该商船于1846年在中国下水,1854年开始航行纽约至旧金山途经好望角,仅需时89天,而从广东至纽约仅费时81天,从而声名大噪。其中它有两次创造了航运纪录,即从广东驶向美国西岸仅费时33天。

那么,当年殖民者将大批的中国人骗卖到巴拿马,其目的何在?

原来,当时的巴拿马正在巴拿马地峡建造连接太平洋与大西洋的铁路,亟需大批苦力劳工前来开山筑路。1850年4月15日,美国铁路公司和当时的新格拉纳达政府联合成立巴拿马铁路公司,开工建造一条纵贯巴拿马地峡的铁路。这条铁路全长75公里,联接巴拿马城至科隆两大城市。中国人是作为承担最苦最累的苦力活而被骗到巴拿马来的。

为巴拿马铁路的建造,每一个可怜的中国劳工都被压榨至极,最终尸骨难归。但与之莫大的牺牲相比,这些修建铁路累死累活的中国苦

2022年3月31日，中国驻巴拿马首任大使魏强（左3）和中巴两国官员、旅巴华人华侨代表一起在"华人抵达巴拿马150周年纪念碑"前举行华人华侨抵达巴拿马168周年纪念活动。

力，个人所获的工资却屡遭盘剥，极为低廉，每一位劳工日工资仅为8美分。

当年的这批中国劳工，在中国启程的码头地点多为厦门、福州、香港、澳门、汕头、黄浦等地。驶来巴拿马的船舶通常需先抵达塔沃加岛，人员下船卸货后，再搭乘小船转运至巴拿马市区的海滩。

据当时的报纸记载，中国劳工们上岸后，即开始受到当地人的围观，并且很快成为当地社会治安的一道麻烦。

原来，首批抵达的中国劳工一上岸就水土不服地病倒了。一个星期中，竟有80余人卧病在床。

然而，使这些顷刻被沦为异乡劳工的中国人更加绝望的是，这里根本没有人贩子所描绘的"遍地黄金"。巴拿马处处显现出的贫瘠与原始，与中国劳工心目中存有的美好幻象，竟是如此地天差地别。

不仅如此，中国劳工们面临新的痛苦，是冷酷无情的人文环境，以及热带疾病（如黄热病、疟疾）肆虐的自然条件，更有繁重严苛的苦力劳作等着他们。

1854年8月21日，巴拿马《明星先驱报》在第二版社会新闻版，以《一群潦倒的华人》为题这样报道：

> 据报，上周警方逮捕17名遇难落海被救上岸的华人，他们贫病交加倒卧街头，有碍交通与公共观瞻。
>
> 现这批华人已被送交到Prieta海滩的铁路站，但是铁路管理人员拒绝回答任何有关这些华人的问题，同时对警方的态度不甚友善。
>
> 相继抵达巴拿马的大批华工，其职业背景并非单纯劳工，而是复杂多样：他们中有学生、诗人、木匠、哲学家、书法家、音乐家、画家、建筑师和医生等。他们都对风水、茶道、戏剧、吟唱等中国传统文娱活动有所了解和爱好。

中国劳工下船病倒之后，即被当局送到远离繁华市区的荒芜郊区。那里地处热带沼泽与原始森林，空气潮湿炎热，藏满野兽和蚊蝇。

成群的中国人被滞留此地，衣食无着，病魔缠身，接连死去。死后的尸骨被就地掩埋，于是很快这里就出现了一座座新的坟茔。

这里现在还沿用着巴拿马土著居民所起的地名——"Matachin"，即"华人冢"。

枕木与华工

1907年12月25日，美国加利福尼亚斯坦福大学的学报上刊登了美国运河区首任总督戴维斯将军对"华人冢"地名起源及背景的说明。

戴维斯总督提到有关不计其数的中国劳工在修筑铁路中死难的悲情历史。他说："多少年来人们这样流传说道，假如铺设每一根铁路枕木的代价，能够代表一位筑路华工生命的牺牲，那么我们会很惊讶地发现，全路程共有14万件枕木。这意味着当年筑路华工的牺牲是非常大的。"

1861年巴拿马人口统计资料表明，巴拿马城居民尚未超过1万人，但是据记载，仅在1852至1856年之间，从香港和澳门上船进入巴拿马的华工就有2万多人，而把从大陆沿海各省来的人数加起来，竟达十余万之众。另一份资料显示，在1855年至1859年4年之间有19.6万名中国劳工登陆于巴拿马，并且这些数字尚未包括那些患有重大伤残疾病的劳工。

在此期间，有关筑路中国劳工有天文数字般死亡人数的传说，就很难不被人采信了。

来巴拿马的中国劳工全都是单身男性，家眷不允许同行。在巴拿马当地，这些血气方刚的小伙子们并没有机会与当地女子缔结亲情。每天下工之后，只得返回营地盥洗用餐，通过闲话追忆遥远家乡琐碎趣事打发时间。一些喜欢赌博的年轻人，只能聚在一起靠赌牌九、麻将或唱拳聊以度日。而英国人利用中国人吸食鸦片的习惯，继续把鸦片贩卖给这里的华工，以便在经济上牢牢控制他们以防外逃。

加上后来为凿建运河而雇用的华工人数，虽然至今仍然无法确切知道来巴拿马的中国劳工总数，但贯穿整个巴拿马东西线的浩大铁路建筑工程，东线多是由爱尔兰劳工修筑，西线铁路则多由中国劳工负责，由此可见，仅投入于铁路工程的中国劳工人数也不计其数。

1992年8月27日，巴拿马市政府颁布第43号决议，表彰华人社团及早期中国劳工的贡献，并设立一座纪念碑，用于缅怀中国劳工为修筑巴拿马运河与铁路所作出的牺牲。

"华人冢"与来自中国的拓荒者

"华人冢",一座堪比耶路撒冷"哭墙"的名冢,早期中国劳工的伤心之地,更是漂泊游子永久的心灵憩园。

由于思乡心切、气候不适、疾病缠身、语言不通、饮食障碍,习俗相悖等原因,尤其是当鸦片烟源断续不继时,许多中国劳工对生活感到绝望,失去信心,因而普遍出现悲观厌世甚至轻生绝决的人生选择。

一条条鲜活年轻的生命,就这样被葬送在了大洋彼岸的陌生土地上。谁能够想到,无数中国人抛离故土亲人,漂洋过海来到巴拿马,等待着自己的,会是这般艰难的境遇。

这些中国劳工的葬身之地,后来被命名为"华人冢",西班牙文为"Matachin","mata"为"杀"的第三人称,"chino"为中国人的名词,合起来即为"自杀的中国人",或"中国人自杀之地"。

时光施施然地进入了1913年,巴拿马铁路和运河的浩大工程相继完工。

随着运河水道的贯通,滚滚河水席卷而来。华人冢,修筑铁路时期的这个历史小镇，立即被河水淹没得无影无踪。

当时，中国劳工自杀惨剧的接连发生，也给巴拿马铁路公司带来社会压力。铁路公司决定将剩下的中国劳工迁往他处，而改用牙买加黑人做苦力。于是，有175名中国劳工从巴拿马被转卖到牙买加的奴隶主手中，他们去往那个小小岛国，在甘蔗田里辛劳务工，聊度残生。

由于这些中国劳工在中国时本为农民，农活是其擅长，因而在种植甘蔗、烟草等农活中自然地展示了自己的优势。中国劳工的务农天分，一下子就得到英国人和西班牙人的认可。

牙买加、古巴、海地、秘鲁等国的奴隶主们，对中国劳工的种植技能大喜过望。从此，加勒比地区竟然再度掀起从中国输入农业苦力的风潮，大大缓解了加勒比地区甘蔗和烟叶种植的劳工匮缺之困。

巴拿马铁路建成以后，便捷的运输使这一地峡立即成为闻名世界的交通隘口。前往加勒比地区的各国旅客，川流不息地往返于这个国家。巴拿马于是立即成为接待大批中国移民的转运站。新来的中国人，就是以巴拿马为抵达美洲的第一站，再转而前往牙买加、秘鲁、海地和古巴等国。

各国来客带来不同的风俗文化与思想观念。巴拿马的社会观念也大为开放。少数仍留在巴拿马的昔日中国劳工，开始利用巴拿马城的便利交通，做起主要是接待新来中国人的生意。他们中间已经有人开始与当地黑人或土著印第安人的女子结婚生子，也有人开始将家乡亲人从中国接来，共同开创新的生活。

自从铁路和运河工程相继完工后，强迫中国劳工付出最原始、最粗野体力劳作的野蛮需求不再存在，被迫自戕于华人冢的中国劳工数量迅速减少乃至绝迹。

今天的华人冢，早已旧貌变新颜。

当年纷纷搬迁他处的这片土地上昔日的居民们，早已重新搬回到故居。他们在运河上划着独木舟往来其间，向过往的船舶兜售舟上满载的橘子、香蕉和木薯，还有用香蕉叶遮护着的其他新鲜水果。

在他们身边的铁路线上，呼啸的火车穿过村落。由于这里交通便利，火车站也设在当地，这些年不断有新的工厂落户于此，彰显着小镇的兴旺。人们在这里可以方便地购买服装、香水甚至火药，还有当地生产的罐头及朗姆酒。

放眼当今之华人冢，一派欣欣向荣的小型现代化城镇模样昂然矗立。但是，心中的悲戚之情依然汹涌。

试想今天还有几人能够知晓，就在离自己并不久远的昔日，在这片黑色土地之下，曾经无情掩埋过多少中国劳工，也无情掩埋过多少中国劳工瑰丽的梦想和家人的期盼。

2004年4月2日，曾经有来自加拿大的11位前巴拿马中国劳工的后裔，专程前来华人冢献花，在祭奠自己祖先的同时，也为献身于巴拿马的中国劳工献上一瓣心香。但这种祭奠的记录并未延续。

不要忘了，没有这些中国先驱，以及没有世界多国劳工当年用宝贵生命作为代价，哪里会有今天宁静的华人冢、更没有整个巴拿马共和国的繁荣昌盛。没有这批中国人，哪里会有今日巴拿马侨界社会的尊严与兴旺。

今天的巴拿马共和国，更包括全体旅巴的中国侨民，都永远不应忘却100多年前，这些来自中国的伟大拓荒者们！

华人公墓，诉说旅巴华人奋斗史

中华先友公墓，非常出名，是中美洲地区最为壮观的一处中国陵园。

公墓的大门为西式拱券结构，庄重又不失灵秀。园内的椰子树高耸蓝天，树下白花花一片，那是参差不齐的石碑。与大门相对的，是在宽大平台中央竖立的，用颜体楷书写就"中华先友公墓"字样的方尖碑状墓碑。

这座公墓是中美洲地区最大、也是最有影响力的华人公墓，它伴随着华人在巴拿马的奋斗史。

1882年12月21日，中国旅巴侨胞凑足2000美元，买下了一块斜坡地，经巴拿马第二巡回法庭公证师公证后，"华安公社"就此诞生。这里是中国人在巴拿马土地上最早建造华人墓园的地块。

1883年1月6日，当中国人在这块土地上举行公墓祭奠典礼时，巴拿马人好奇地围观，并发现奇怪的中国人并没有想象中那般悲凄，而是相当"愉快"。

1883年1月8日出版的巴拿马英文报纸《明星先驱报》，这样报道

有着近140年历史的中华先友公墓。

中国人的祭奠仪式：

　　6日上午，在去往安康山的路边，中国人举行了一场新奇而愉快的典礼。说它新奇，因为这是中国公墓基碑的奠基典礼；说它愉快，是因为这场典礼为中国人对信仰、思想、观念的自由态度，提供了一个典范。
　　这一理念正是我们光荣争取国家独立的目的。
　　现场搭起了一座帐篷，棚下人们聚在一起，棚内置一临时神坛，其上悬有上帝像，前有一供桌，上供有烤猪肉及鹿肉，还有一整只生猪肉，这肯定代表着某些意义。

参与者包括许多不同国籍和宗教的人士，虽然这是一场陌生奇特的典礼，但无人流露出丝毫的轻嘲。这证明宗教自由已成为人们的共识，而这在巴拿马恰好就是鲜明的例证。

上午10点左右典礼结束，宾客散去。儒家后代子孙安葬于巴拿马墓地的初步工作，也终于圆满结束。

这场祭奠是在晴朗亮丽的日子里举行的。四周香烟缭绕，蜡烛高烧，并混合着鼓磬声。人群中有不少是贵宾和政府官员，他们在完成祭奠典礼后，应华安公社之邀，继续出席一场盛大的餐宴。

就在这次餐宴前的数日，墓地工程已经开始。中国人建成一个祭祀用的墓园，入口为一扇拱门，上面饰以大理石碑文，如同中式的大门。这些建筑现在还存在。

墓园正式落成的日期是1911年12月17日，但是在落成前10天，已经有一名出生于1907年5月15日、名为Doris Sam的小女孩业已安葬于此。她的尸骸现仍安葬在墓园里，碑上刻有中英文字。其旁有一小方碑，那是一个公墓冢，专门安葬无人认领的尸骨。

进入墓园的主要入口处设有一牌坊，两柱之上有一白色石版，上面刻有"华安公社"4个中文字，由1909年中国清朝派驻秘鲁全权公使伍廷芳赴任途经巴拿马时所题写。

中国人有用食品祭祀祖先神祇，后再与家人分食的文化习俗。对西方人而言，这是很奇怪且不文明（不洁净）的餐宴行为。但这种行为方式源自中国人的意识，借此与祖先神祇沟通，并使生命永续。

这是巴拿马的主流媒体有史以来第一次饶有兴致地报道在巴中国人的活动。

曾经的排华恶浪，终被平息

巴拿马从建国开始，白人政府所出台的政策就开始显露对旅巴华人歧视与排斥的倾向。亚洲来的黄种人成为处处受限制的外来种族。巴拿马本地商人早就因为生意难以与华商竞争，此时更是伺机而行，利用政府制定的政策推波助澜，实施排华。华人难以在巴拿马安居乐业，侨社从此不再安宁了。

早在1906年，巴拿马外交部就以社会经济和公共卫生上的理由，禁止"蒙古人种"（即中国人）及"闪族人种"（即犹太人）移民巴拿马。政府认为，这些民族的生活方式及文化，不适合居住于巴拿马。

1913年3月24日，时任巴拿马总统贝利萨里奥·波拉斯·巴拉霍纳颁发了一系列禁止外国人士移民的法案。其中第50号法案，采取诸种管制移民措施，极大限制和伤害了旅巴华人的尊严及利益。

1913年9月17日，巴拿马政府公然撤销中国政府派驻巴拿马的领事欧阳庚的领事证书，指控他鼓动华社反对巴拿马政府推行第50号法案。软弱的中国政府无力交涉，只好改派中国驻澳大利亚大使馆秘书赶赴巴拿马，以接任欧阳庚的领事职务。

同年，巴拿马政府更是推出法律：责令拥有合法居留权、且遵守法令的全部中国移民，必须在72小时之内离境。

华人闻讯后悲愤交加。当年，中国劳工在巴拿马为修建铁路、开凿运河做出具大牺牲，大量中国人累病交加，不得不把生命葬送在这个陌生国家。现在，巴拿马政府竟然驱赶所有中国人，就连中国政府派来的外交官也遭侮辱被免职。

但当时的中国，积贫积弱，中国人的声音丝毫没能阻止巴拿马政府的决定。

就连巴拿马本国的报纸也看不下去了，他们愤愤评论道，这是一种违宪且极不公正而又残忍的做法。撤销中国领事状，也是令人极为遗憾的外交事件。只是，这些评论并未起到阻止的作用。

推动这些种族歧视与排华措施，其幕后皆因巴拿马本国的财团利益与华商利益产生矛盾。巴拿马的商人尤其眼红华人和犹太人的经商成就，故而联合政府对中国人和犹太人进行"一锅端"的打击。

眼看1913年11月14日这一最后通牒的时限就要到来，被逼无奈的华人商会，联合全境华人作出决定，一致拒绝向巴拿马政府的违宪法案屈服。

于是，华人们作出了有史以来最有力的反抗——大罢市。

与世界各国口岸有商贸往来的华商，紧急通知分布在纽约、芝加哥、波士顿、新奥尔良、旧金山、伦敦、曼彻斯特、巴黎、汉堡及神户等各国名港的进口代理商们，一旦巴拿马政府强制实施驱赶的法律，巴拿马华商将立即取消业已订购的所有货品，并将关闭所有商号后离开巴拿马，并声明由此给各国商号带来的一切损失，均由巴拿马政府负责赔偿。

各国商埠的商号，都是巴拿马华商多年的合作伙伴。消息一来，各国商号顿时炸开了锅，人们齐声谴责巴拿马政府。

美国和英国的政府贸易部门，与巴拿马华商在经贸往来上关系密切，若华商集体被驱离，美英商界势必遭受连带损失。为了确保美英等国的商业利益，驻巴拿马的美国领事赶紧出面，与巴拿马当局协商以缓解危机。

1913年11月17日，是一个周一。为了给巴拿马政府施加更大压力，在巴拿马城和科隆两市经商的所有华商，决定连续罢市5日。

中国人的突然罢市，一下子严重打乱了巴拿马人的生活秩序，令巴拿马中低收入市民叫苦不迭。这些市民平日多靠华人商店物美价廉的商品度日，交易的金额甚至小到两分半的银钱，有困难者甚至可以通过赊账来购买日常生活用品。现在中国人罢市了，市民顿时无处购物，而其他商贩则投机囤积货品、哄抬物价，市场上的米、糖、炼乳等生活必需品分分钟断货。

这下百姓们也不干了，纷纷上街游行，呼吁政府撤销该法案，让老百姓的生活重归正轨。

11月22日，内忧外患的巴拿马政府，在四面楚歌之下终于低下了头，对法案做出修改，宣布华商将不会遭驱赶。

巴拿马华人有史以来第一次通过统一意志，联合抵制排华凶浪，终于获得圆满成功。

随着巴拿马运河开凿成功，巴拿马对外籍劳工的刚需减弱，旅巴华人的厄运逐渐平息。

1992年8月27日，巴拿马市政府颁布第43号决议，表彰华人社团及早期中国劳工的贡献，并设立一座纪念碑，用于缅怀中国劳工为修筑巴拿马运河与铁路作出的牺牲。

大有作为的巴拿马侨团

走在巴拿马城,特别是在新老两个唐人街的街头,中文店牌、中文口音比比皆是,无论在大型购物中心,还是在街角露水菜市,熙来攘往的人群中几乎全是中国人。由中国人开设的大大小小的餐馆、酒楼、理发店、小吃店、药店、手机店、美容美甲店、按摩店鳞次栉比,应有尽有。放眼望去,一派典型的中国广东城镇风情。

这里侨社林立,作用实在。据不完全统计,在旅巴的30余万华人中,各类社团就多达40余个。其中位于巴拿马城和周边城镇的几个主要侨团有:中华总会、中山同乡会、巴拿马华侨华人中国和平统一促进会、巴拿马华人工商总会、古冈州会馆、巴拿马鹤山公所、旅巴赤溪同乡会等。这些侨社大多历史久远,例如,巴京同庆堂就成立于1854年,巴拿马人和会馆成立于1860年,古冈州会馆成立于1899年……如此久远的生命力,彰显着华人文化在巴拿马这块土地上的坚韧传承。

虽然这里侨团林立,但每一个侨团都是你中有我、我中有你。侨团整体的传统根深蒂固,拥有历史影响力的延续性,因此至今依然具有强

2022年6月1日，在中国驻巴拿马首任大使魏强（前排右4）、巴拿马城市长何塞·路易斯·法布雷加（前排右5）的见证下，装饰一新的中式牌坊落成于巴拿马城老唐人街街口。

大的凝聚力。大家亲切往来，不分伯仲，一个基本共识就是：我们都是中国人。

巴拿马侨界之所以会有这般团结友爱的局面，至少基于下列因素：

华人来巴拿马之前，在国内的家乡大多比邻而居，大多相互知晓根底。这里的侨民绝大多数来自广东省的恩平、中山、花县、鹤山、开平、南海、台山等地区。侨界的社会活动圈相对固化，与国内外来往密切。略有风吹草动，国内外便会广而告之。因此，侨民刻意不轻易制造事端，以避免影响亲友的亲情。

来到巴拿马侨居地以后，他们拥有同根同源的文化基因，加之这里设有历史悠久、备受推崇的关公祠，置有华人祖山公墓，诸多先祖文化犹如磁场强劲的文化发射塔，所传递出的精神力量，有效凝聚着旅巴全体华人的同胞亲情。代代相传的骨肉亲情，在这里有根可循、有义可尊，诸多传统亲情理念形成这批旅巴华人强大的精神归宿。

所有的社团至今均有活力，竞相开展侨社的活动，从未中断过旺盛的生命张力。它们经常举办的活动，都是有效维系侨民精神家园的一次又一次的加油站。作为100多年来中国侨民在巴拿马打拼时依赖的"组织"，它们在侨民中从来就具有很强的向心力和凝聚力。

旅巴侨团的每一位侨领，个个坚持一个中国立场，心向祖国，目光远大，并且非常热爱侨界公益事业。他们是商海骁勇的健将，还是拥有雄厚资产财力的成功人士。这些侨领平时以身作则，关键时刻振臂一呼，其强大的感召力和榜样作用不可小觑。

每年的中国传统节庆之日，各大侨团都会组织全体华人前来这些圣地祭奠先祖、缅怀同胞、彰显正义，一场场郑重的寻根仪式，无不能使华人深切领悟中华古老文明的魅力，增进中华民族同根同源的同胞认同感。

祖国对侨胞的关怀也是促使巴拿马侨界如此团结的重要因素。中华人民共和国驻巴拿马代表处与侨界有着紧密的联系，是维系祖国与海外赤子血肉亲情、促进祖国和平统一的直接纽带。每逢祖国传统佳节，代表处都会举行各种形式的招待会和联欢会，各界同胞踊跃出席，大家济济一堂，共同感受祖国的温暖。国内凡有大型庆典活动，代表处也会代表祖国热情邀请旅巴著名侨领归国出席并观光，这种巨大的荣誉，令全体侨胞为之向往和振奋。

花县（花都）同乡会

花县同乡会成立于1921年，已拥有98年历史。

花县，现在的行政区划归为广东省广州市的花都区，故同乡会在名称上需要标明花县（花都）两个称谓。

早在19世纪，大量的花县农民被当作劳工，远涉重洋来到巴拿马打工。因此，在巴拿马成立这一同乡会时，旅巴花县劳工们无不欢呼雀跃，纷纷庆贺"远离祖国花县的广大老乡，从此总算有了自己的家"。

花县（花都）同乡会通过自己的努力，已在巴拿马城的新唐人街上建起一幢令人瞩目的写字楼，一扫华人在巴只是从事卑贱低下苦力的形象。这栋楼是跻身于巴拿马城众多高楼之中的一个成员，象征着中国人正在进入巴拿马的主流社会，同时它也是迄今为止中国人在巴拿马建造的第一和最高的楼宇，更是同乡会最大的公共产业。此外，同乡会还在蓝山风景区建有花县同乡会公园，园内拥有能够容纳100桌酒席的大礼堂，以及游泳池、篮球场等体育设施。

花县（花都）同乡会会长罗记添说："花县（花都）同乡会在联络乡情、调解侨社内外纠纷、募捐善款、慰问和救济遭受天灾人祸的乡亲、组织春宴和春节文体活动等方面，都做了相当大的贡献。特别是在巴拿马的几次排华风潮中，花县（花都）同乡会积极与巴拿马政府协调，发挥了重要作用，取得了良好效果。"

巴拿马中华总会

成立于1943年4月9日的巴拿马中华总会，是当今巴拿马侨界最大的社团。

何文生是巴拿马中华总会的常务副会长。他说，中华总会的理事会由8个地区性华人社团经由选举组成，包括花县（花都）同乡会、古冈州会馆、鹤山会馆、中山同乡会、三邑同乡会、赤溪同乡会、清远从化同乡会、苏浙同乡会。

中华总会通过它的工作委员会，帮助会员协调各社团、商会、民间政治组织开展活动，像一个润滑剂将巴拿马境内的侨团团结在一起。

中华总会的前身是"中华会馆"，系在巴拿马公共注册处注册的社团。总会宗旨为"慈善机构，联络感情，共谋全侨福利，发展华侨事业，促进中巴文化交流"。

侨胞们对中华总会十分赞赏。他们说，这个社团经常参与慈善募捐，参与火灾、水灾等救济活动，比较重视华侨华人权益的保护，调解华侨内部的纠纷事件。1990年，中华总会曾派代表参与当地政府的协商谈判，以促进颁布有关放宽中国移民入境，特别是放宽对亲属入境团聚的新法令。它还经常举办有中国传统特色的文体活动。

巴拿马华侨华人中国和平统一促进会

巴拿马华侨华人中国和平统一促进会成立于2001年1月8日。该会为促进祖国和平统一事业，反对"台独""一中一台""两个中国"作了大量卓有成效的工作，为推动巴拿马众多侨团的"反独促统"和侨团的进步改革事业起到了重要作用。在它的感召下，众多侨团悬挂起了中华人民共和国的五星红旗。

大陆官方媒体曾以《一个颇具凝聚力的侨团组织》为题，高度评价巴拿马华侨华人中国和平统一促进会。

2016年9月，巴拿马华侨华人中国和平统一促进会的新一任会长麦杞佳应邀回国，出席"广东—拉美国家侨胞座谈会"。他发言盼与祖国有关部门合作，为巴拿马培养专业的幼儿中文教师。

麦杞佳会长是一位正直、热情的侨领，长期致力于推动祖国和平统一事业。他自1988年从广东来巴拿马后，从最底层的苦力做起，一直成长为商界精英和旅巴侨领。2011年9月在佐里拉市发生5名华人青年被害惨案后，时任中华总会负责人的麦杞佳决定发动全国侨胞罢市一天，并联合40多个社团发起游行示威活动，影响遍及拉美乃至全球。

中山同乡会

中山同乡会成立于 1925 年，是一个以来自中国广东省中山市的侨胞为主要参与者的侨团。该会的前身为香山公所，于 1984 年建新会馆时更改为现名。

会长林华康先生说，中山人侨居巴拿马始自 1850 年。多年以来，中山同乡会积极开展社团中青少年体育活动，所组织的中山乒乓球队名震中南美洲，吸引了大批年轻的中山籍乡亲加入同乡会。该会联络乡谊，多次组团参加家乡或世界中山同乡联谊大会，并倾情于家乡教育、公益事业。同乡会还号召同胞发挥华侨爱国爱乡精神，积极参与社会慈善活动，促进中巴两国人民之间的友好往来。该会还坚决拥护一个中国原则，致力于促进祖国和平统一大业，坚决反对"台独"。

林华康会长在华人中颇有威望，现为巴拿马侨界德高望重的侨领，担任巴拿马中山同乡会会长，也是巴拿马中国城商业基金会创始人兼董事长、巴拿马中华总会常务理事。尽管人在巴拿马，他还兼任中山市人民对外友好协会名誉顾问和中山市侨商会名誉顾问。

赤溪同乡会

赤溪同乡会是以广东省台山市赤溪镇的侨民为主体的巴拿马华人地缘社团。它成立于 19 世纪 90 年代末，起初会员仅十余人，后逐渐增加。会馆位于与巴拿马城毗邻的佐里拉市的小镇上。

他们的会馆是一座上下两层宽敞洁净的楼宇，墙面布置着不少相框，全是赤溪侨团珍贵的历史照片。罗银洲会长介绍说，该会不仅注重弘扬侨团传统，凝聚侨民精神，还在侨民遭遇意外和不测的关键时刻，能够挺身而出地与当地警方合作，有力维护侨民合法权益，确保侨民能够安居乐业。

罗银洲会长与大多早年来自中国大陆的侨胞不同。他是1947年出生于巴拿马的二代华人。他们的父辈即为饱经磨难的中国劳工。多年来，罗银洲带头捐款资助巴拿马的学校、医院、老人院和孤儿院，每逢有灾民需要帮助时他更是不吝资助。他在巴拿马社会为中国侨民赢得了声誉，不少华人引他为荣耀。

古冈州会馆

古冈州会馆成立于1899年，是活跃于巴拿马的一个历史悠久的维系同胞亲情的联谊组织。在100多年来一直赢得旅巴华人的信任与爱戴，至今依然生命力旺盛。会馆为弘扬中华文化、连接乡亲情谊发挥了巨大作用。

巴拿马鹤山公所

巴拿马鹤山公所成立于1920年，以广东省鹤山市侨民为主体，是巴拿马侨社历史上较早成立并发挥作用的侨团，在20世纪30年代至50年代巴拿马政府排华政策下备受摧残。自1952年起重修章程，明确宗旨：联络乡情，为侨民排忧解难，奉行政府法令，提倡公益事业。在现任主席何文生领导下，公所正为建设有生机、有活力的侨社而努力。

巴拿马人和会馆

巴拿马人和会馆是一家历史悠久的华人社团，成立于1860年。该社团拥有巴拿马老唐人街上令人瞩目的关帝祠，会馆经常主办各类活动，谒拜关圣帝君，以彰显尊贵传统文化，弘扬关帝的忠义仁勇精神，以促进海外侨胞和谐团结、互助互爱。2013年，人和会馆曾为巴拿马中国公园捐款2万美元。

巴京同庆堂

巴京同庆堂是在巴拿马最早成立的中国侨团，诞生于1854年，注册于1857年，注册时尚无巴拿马政府，而是它的宗主国哥伦比亚政府。

巴京同庆堂成立之初，即在老唐人街建起一幢两层的楼宇作为会馆办公场所，同时也是修建巴拿马铁路和运河期间，来到巴拿马的中国劳工以及在旧金山和秘鲁间往返的中国船客们在路经巴拿马时的廉价落脚之处，颇似中国同胞的接待站或招待所。

1987年，这幢具有历史文物价值的同庆堂楼宇突因火灾而被焚毁。后由赤溪侨领罗银洲、罗文波、朱耀芳等人士出资重建，并于1997年落成今日新馆。

巴拿马华人工商总会

成立于1999年7月28日的巴拿马华人工商总会，旨在为中巴两国文化交流和人民友好往来穿针引线。其主要职能为接待来自中国的官方代表团、商业代表团和文化团体，组织来巴团体开展活动，并帮助其与巴拿马政府和社会各界开展工作联系。工商总会还在巴拿马举办中文培训班，传播中华文化。

逢中国传统佳节，巴拿马侨界举行大型庆典活动，醒狮跳起中国传统舞蹈。

中巴两国儿童身着传统中式服饰，热烈庆祝中国传统佳节。

华人中流传的几个小故事

万国博览会上,茅台酒"一摔成名"?

有一个传说,至今广为人知。

早在100多年前的1915年,中国的北洋政府曾经应邀组团参与在遥远美国旧金山市举办的万国博览会。其中来自中国贵州的茅台酒公司带去已在中国享有盛名、以中国乡土气息浓郁的农家土陶罐盛装的酱香型茅台酒参展。

场馆内,各国宾客鱼儿般地游弋在各个国家的展位前,来自世界各地产区的、被包装得花花绿绿的烈性白酒展位前,挤满各国的酒商。但是,中国茅台美酒的展位前却冷冷清清,几乎所有过往者对中国酒都显得不屑一顾。

中国官员和茅台酒厂老板的心里那个急啊!他们趁空档拽住一位观众发问:"你们为何连看都不愿看看我们中国的酒?"

这位蓄着两撇八字胡的老人随手取下巴拿马草帽,冷冷地丢下一句话："陶罐的包装太土气了。"

闻听此语，众人的目光不约而同投射于展台——这茅台酒的包装委实土头土脑：深褐色的陶罐，圆圆鼓鼓的肚子，呆头呆脑地戳在台上，乍一看简直像个夜壶。

中国参展商们抓耳挠腮，愁眉不展，一时间不知如何是好。

这时，只见担任赴赛筹备局长兼监事的陈琪穿过人群，大步走向展台，他伸出手一把将酒罐高举过头，然后突然地拼命朝地面一砸！

"哗啦"一声脆响，瓶裂酒溅。

一时间，众人皆惊，大厅寂静无声。与此同时，一股浓郁芬芳的酒香，汩汩溢出并四下飘散。那香气愈闻愈醉心，愈闻愈畅意，那是来自大洋彼岸中国特有的东方之香。

各国展商从四面八方蜂拥而来。人们都情不自禁地微眯双眼，用鼻腔用力吸吮，相互好奇地发问：这是什么酒？怎么这么香？

陈琪监事立即令中方参展商将展台其他几瓶茅台酒的酒封开启，同时急忙从邻台借来小酒杯，将盛有茅台酒的小杯热情递给团团相围的人们。

后面的故事，不说也该猜到了。

刚才还是门庭冷清的中国茅台酒展位，瞬间成了众人瞩目的"香饽饽"。继而，中国茅台酒一举获得这届万国博览会酒类大奖。

1954年，茅台酒瓶背标上的广告语，写着"解放前曾在巴拿马赛会评为世界名酒第二位"；1982年，茅台酒背标文字继续写成"贵州茅台酒为中国八大名酒之一，早已享誉国际，曾于公元1915年在巴拿马赛会评为世界名酒第二位"。

关于陈琪"一怒摔罐"的情节，说法也多有出入。

一说是，早于 1915 年巴拿马博览会之前的 1912 年，博览会上的中国馆正式开幕。以农业产品为主打展品的中国展位，参观者一直就稀稀拉拉，没有多少特别吸引力。而其中的茅台酒由于被盛装在深褐色鼓肚陶罐中，不仅包装简陋土气，更被混杂于棉、麻、大豆、食油等产品中，因而尤其不起眼。

1915 年那次博览会上，茅台酒因为此前已经拥有在南洋劝业会上获奖的荣誉，此次便备受中国代表团推重。人们怕这一富于竞争力的展品会再度被埋没于农业馆，便决定将茅台酒从食品加工馆移出，以方便突出其位置。

但是，就在搬动时，一位代表不慎失手，一瓶茅台酒从展架上掉下来摔碎了。

陶罐一破，茅台酒酒香四溢。中国赴赛监督陈琪等人在南洋劝业会评奖时就品尝过茅台酒，在旧金山中华会馆的宴请中，喝的也是茅台酒，知道茅台酒酱香馥郁，且有挂杯留香的特点。见此不免灵机一动，于是建议不必换馆陈列，只需取一瓶茅台酒，分置于数个空酒瓶中，敞开酒瓶口，旁边再放上几只酒杯。正好利用农展馆其他展品气味不浓，闲人不多的特点，任茅台酒挥洒香气，随观众品尝。

茅台酒的酒香，主要是由酒中的代谢产物产生。敞开的茅台酒在空气中被充分暴露后，将变得更为浓郁。此举果然奏效，参观者们纷纷寻香而来，更有好奇者顺手拿起酒杯，争相倒酒品尝，一致"啧""啧"交口叫绝。展馆一时人头攒动，热闹非凡，很快产生了轰动效应。

20多年前，这里发行过华人主题邮票

旅巴华人对来自巴拿马主流社会对华人的评价非常敏感，十分关注巴拿马有关华人的任何风吹草动。

我在巴拿马期间，就几次听人说起，这个国家曾经发行过华人邮票的故事。遗憾的是，我未能搜藏到这张邮票。

随着中国国际地位的不断提升，巴拿马华人的社会地位也有着明显提高。早在1993年10月9日，巴拿马国家邮政总局就正式发行过以巴拿马华人为主题的纪念邮票。它的画面为四季盛开的鲜花，并有中英文书写的美好祝福。

1996年6月10日，巴拿马邮政总局又发行了巴拿马华人主题的纪念首日封。首日封的图案以华人家庭和华人社会为主题，凸显了华人移民巴拿马的久远岁月，再现在巴华人社会的发展历程。在巴拿马中华妇女企管协会成立之日，当时的巴拿马共和国第一夫人巴雅达雷斯女士亲自将其颁赠给了大会。

旅巴华人认为，此举象征着巴拿马这个曾经出现过严重排华风潮的国家，对华人社会的评价有着非常积极的改变，对华人社会愈来愈尊重了。这对全体华人是很大的鼓舞，它的政治意义远远超出邮票本身的价值。

"阿雷曼大汤"为何红遍巴拿马

巴拿马流行一道颇受欢迎的汤肴，俗称"阿雷曼大汤"。它的诞生，

与巴拿马议员帮助旅巴华人有关。

曾为巴拿马啤酒厂总经理的阿雷曼少校，在任巴拿马国会议员时，最为反对时任总统的排外法案，在感情上同情旅巴华人。

这天深夜，他与10余位议会同僚一同外出吃宵夜，来到巴拿马城一家名为"看你往哪逃"的中式餐厅。

中餐馆老板一见到阿雷曼议员，立即委屈地哭诉：餐厅一名店员偷窃被发现后，为报复老板的开除处分，竟将餐厅已完税的威士忌酒的税戳悄悄撕掉，然后向财税稽征员诬告"餐厅逃税"。稽征员有些歧视华人，不由分说地开出罚单。

阿雷曼议员查明原委后，决定为华人老板打抱不平。他要求财政部长过问此事。不当罚款很快被取消。

中餐馆老板为了表示感激，亲自下厨为阿雷曼烹调了一碗羹汤，那是华人平常牌戏下桌后最爱吃的"酸辣汤"。不过，素来喜爱中餐的阿雷曼议员，决定亲自下厨加以改良。他在"酸辣汤"的基础上，又按照巴拿马人的习惯再添加肉汁、面条、馄饨、鸡肝脏、虾米、大虾、葱碎、虾片、烤鸭……然后一顿乱炖。

结果你一定知道了。议员做的这道汤，符合所有巴拿马人的口味。

从此，这道以他的名字命名的"阿雷曼大汤"，很快风靡整个巴拿马。现在人们无论到哪个城市的餐厅，都可以品尝到这一美味。

The
Biography
of
Panama City

巴拿马城 传

『一带一路』为中巴关系注入新活力

第七章

中巴建交，侨社欣喜

2017年6月13日，中华人民共和国与巴拿马共和国签署联合公报，建立大使级外交关系。巴拿马共和国承认了一个中国原则，中华人民共和国政府是代表全中国的唯一合法政府，台湾是中国领土不可分割的一部分。同时，巴方政府断绝同台湾方面的所谓"外交关系"，并承诺不再同台湾发生任何官方关系，不进行任何官方往来。

这一天终于到来了！

30万，这是定居巴拿马的中国人数量，相当于整个冰岛共和国的全国人口。

在两国尚未建交的日子里，从中国大陆移居巴拿马的这30多万中国人，多少年来几乎看不到祖国的国旗，听不到祖国的国歌，其心情之郁闷、胸口憋气之甚，可谓内伤累累，但却又徒唤奈何。

而眼下的他们，闻听中巴两国建交的喜讯后，个个如同打了一场翻身仗般欣喜。他们欢呼雀跃，情不自禁地奔走相告，使整个巴拿马城的唐人街顿时变成无比欢乐的海洋。

特别是入夜之后，茫茫夜空被华人频频燃放的彩色焰火照射得亮如白昼，形态各异的烟花造型璀璨辉煌，令全城的市民叹为观止。巴拿马有史以来，第一次出现如此盛大规模的"不夜城"魅惑景象。伴随着喜庆爆竹的声声炸响，天上人间一次次地欢腾雀跃，每一寸空气中，都弥漫着极为浓郁热烈的喜庆气息。

在巴拿马生活了24年的巴拿马中国文化中心创办人张雪云女士，尤其兴奋不已。她一再地活跃在华人的各项活动中，拍摄了大量欢庆场面的照片，又把这些照片传到世界各地。

17岁起移居巴拿马的张雪云，曾经营过超市、数码电器行和进口贸易公司。2001年起，她与丈夫一起，以"弘扬中华文明，促进中巴友谊"为宗旨，创办了巴拿马中国文化中心。这位在国内读书时曾加入过共青团、现在总是满脸喜气的华人女士说："巴拿马中国文化中心开设7年来，经常吸引巴拿马人前来了解中国文化，这里已成为巴拿马人民了解中国的一扇窗口。我始终没有忘记父母的教诲，要谨记自己是龙的传人，我的根在中国。两国建交了，我的中国文化中心肯定会大有用武之地。"

自从巴拿马时间6月12日晚中巴建交消息传出，在其后的3天里，侨胞们自发举行了各种声势浩大和丰富多彩的庆祝活动。尤为引人注目的，是由巴拿马华侨华人中国和平统一促进会、巴拿马花县（花都）同乡会等侨团在唐人街知名酒店金都酒家和双喜酒楼连续3天举办的大型庆祝酒会。各界侨胞载歌载舞，频频举杯，热烈祝贺中巴两国友好关系掀开新的篇章。

在巴拿马工作过9年的中国—巴拿马贸易发展代表处代表王卫华格外激动。他兴奋地举杯："侨社连日来欢天喜地，群情激昂，充分体现

2022年6月12日，巴拿马第一大报《巴拿马之星》日报在头版醒目位置报道了巴拿马华人华侨庆祝中巴建交5周年活动。（图片提供：江雄桐）

了广大侨胞的爱国热情和美好意愿。"来自巴拿马政府的多位内阁部长也欣喜出席酒会，与中国移民共同欢歌庆贺。

  酒会开始，一个具有历史意义的场景令所有旅巴华人激动万分并感慨万千——巴拿马有史以来，庄严的中华人民共和国国歌和巴拿马共和国国歌首次联袂奏响。

  在巴拿马生活了几十年的中国侨胞们，长期以来在公开场合从未能够听过中国国歌，更不用说能听到中国国歌与巴拿马国歌的联袂奏响。

此情此景，非同寻常，在场的华侨们纷纷潜然泪下。

来自巴拿马花县(花都)同乡会的5头醒狮跳起中国风格的劲舞，加之巴拿马本土艺术家的土风舞，特别是巴拿马华星艺术团十年磨一剑的中国民族艺术表演，把庆祝活动推向高潮，也令在场所有对中国文化艺术尚感陌生的巴拿马人大开眼界。

"一带一路"牵引中巴命运共同体

中巴两国建交后不到半年的2017年11月,时任巴拿马总统胡安·卡洛斯·巴雷拉就对中国进行了国事访问。2018年12月,中国国家主席习近平对巴拿马共和国进行国事访问。建交后在这么短的时间内,两国国家元首就能实现国事互访,当属并不多见的元首外交互动,反映了两国对于增强双边关系的强烈愿望和重视程度。

2017年11月17日,就在巴雷拉总统访华期间,在习近平主席和巴雷拉总统的见证下,两国政府签署中巴政府间《关于共同推进丝绸之路经济带和21世纪海上丝绸之路建设的谅解备忘录》。两国决定以共建"一带一路"为统领,加强发展战略对接,把两国互补优势转化为全面合作优势,以高速度、高起点、高标准规划和推进两国合作。

习近平主席指出,巴方"2030年国家物流战略"同中方共建"一带一路"倡议高度契合,双方要加强战略对接,推进金融、旅游、物流、基础设施建设等领域合作,落实好铁路、教育、医疗等重点项目,推进互联互通。中方是巴拿马运河第二大用户。双方可以进一步优化货

2017年11月21日,巴雷拉总统(左)在访华期间亲切会见本书作者余熙,并高兴地接受了余熙赠送的著作《约会巴拿马》《你好,巴拿马》。

物集运方式,使巴拿马运河在中国更深度参与全球贸易中发挥更大效益。中方愿在相互尊重、平等互利基础上同巴拿马开展自由贸易谈判,欢迎巴拿马海产品、肉类、菠萝等对华出口,鼓励更多中国金融机构在巴拿马设立机构,包括人民币清算中心。要加强人文和地方等领域交流,便利双方人员往来,夯实两国关系民意基础。要加强在国际事务中的沟通,深化在联合国、世界贸易组织、中拉论坛等多边机制中的协调和配合,共同应对保护主义、单边主义等挑战,共同推动建设新型国际关系和开放型世界经济,更好维护发展中国家共同利益。

巴雷拉总统告诉习近平主席，巴方赞同习近平主席提出的构建人类命运共同体等重要理念。巴方支持共建"一带一路"，期待同中方加强投资、港口运输、自贸区等领域合作，欢迎中国企业投资，愿同中方早日商签自贸协定，提升两国贸易水平。他说，巴拿马希望利用自身区位和物流优势，成为连接中国与中美洲及拉美地区的门户和纽带。"中方对巴投资将不仅局限在巴拿马，还将通过巴拿马向中美洲及加勒比地区辐射。"巴雷拉表示，希望中资公司在巴拿马开设拉美地区办事处。

同时，巴雷拉总统介绍，巴拿马还与中方在港口建设等领域开展合作，希望为中国民众开辟专门的游轮旅游项目。"以前，中国公民办理赴巴拿马签证手续大概需 6 个月，耗时很长，现在 24 小时至 48 小时就能办好。"他表示，巴方愿意提供更多的便利化服务。

中巴合作，续写海上丝路新篇

中国与巴拿马虽然相隔遥远，但两国间的友谊却有着悠久的历史。从最早一批华人通过海路抵达巴拿马，至今已有160多年。早期来巴拿马的华人劳工，参与了巴拿马铁路和巴拿马运河的建设，为这两项举世瞩目的工程付出了辛勤的汗水甚至生命的代价。即便如此，所有工程结束以后，不少华人依然选择留居巴拿马并逐渐融入到当地社会。可以说，是运河和海洋，把中国人带到了这片遥远的土地，从而使中国和这个国家联系在了一起。

从此，中国与巴拿马结下了不解之缘。

1996年，中国和巴拿马互设贸易发展办事处；2017年，两国正式建立外交关系并签署中巴政府间《关于共同推进丝绸之路经济带和21世纪海上丝绸之路建设的谅解备忘录》，两国关系便开启了新的篇章，原本就已存在的两国之间的联系发生了质的飞跃。尤其是在两国政府签署共建"一带一路"谅解备忘录以后，双方合作交流不断深入、不断拓宽，不仅在服务贸易、基础设施建设、经贸展会、海事运输、项目投资等领域签署了大量的合作文件，在文化、教育、旅游等方面的交流也正如火如荼地推进。

促进基础设施互联互通，当属中巴合作的重要内容。巴拿马的经济发展领衔中美洲，但它的基础设施仍存在短板，而且在基础设施建设方面的能力也相对薄弱。恰好，中国是基础设施建设领域的"老将"，具有领先于世界的工程能力和丰富经验，刚好可以填补巴拿马在这方面的缺失，可为巴拿马创造更便利的生活环境、更有利的营商环境。比如，中国岚桥集团投资约10亿美元建设的科隆集装箱港口，是中南美洲最大的集装箱中转港口，不仅能为中国的航运企业降低物流成本从而增强其市场竞争力，也对于促进巴拿马经济社会发展、增加就业、助力巴政府把巴拿马打造成全球物流中心的发展战略发挥重要作用。港口建成后，将拥有4个"超巴拿马级"集装箱船的专用泊位，可实现年吞吐量500万标准集装箱，将成为世界航运关键航线的"咽喉"。再比如，中国金风科技公司建设的巴拿马首个风电项目，完善了巴拿马的电力结构，其风电场的发电量约能满足巴拿马10万户家庭的用电需求，为巴拿马带来了充足的电力。另外，中国建筑工程总公司下属中建美国南美公司承建的阿马多尔国际会议中心，为中南美洲最大、最先进的国际会展中心，也是首都巴拿马城的新地标，建筑面积达7万平方米，可同时容纳2.5万余人，将极大地提升巴拿马举办各类大型国际活动的能力，每年将为巴拿马带来不菲的收入。

除了基础设施建设，金融合作也是两国合作的重要方面。巴拿马是全球重要的金融中心，享有"拉丁美洲金融中心"的盛名，很多国家的银行在巴拿马设立了银行或代表机构。中巴建交为中国金融机构在巴拿马设立分支机构提供了更多便利，能为驻巴中资企业和巴拿马当地客户提供优质的金融服务，也为"一带一路"在拉美地区的建设提供了金融助力。随着驻巴中资企业队伍的不断发展壮大，还为当地创造了数以千计的就业机会。中国银行巴拿马分行已跻身巴拿马主流银行，其服务对象为在拉美有投资和贸易往来的中资企业、巴拿马当地及周边拉美国家的金融机构和优质企业，还有当地的华人华侨企业等。2018年6月，中国银行和中国国家开发银行正式成为巴拿马共和国发行熊猫债的牵头主承销商，不仅为巴拿马各领域建设提供了有力的融资支持，更为人民币在拉美的国际化进程发挥了重要的引领作用。

同时，两国之间的人文交流在更高水平的政治引领下也加速推进，进一步增进了中巴乃至中拉人民之间的了解。近年来，来华学习的巴拿马留学生逐年增加，已达上千名，成为未来引领中巴关系的友好使者。2017年，巴拿马首家孔子学院建成揭牌，在巴拿马掀起了汉语学习热潮，不仅为那些经常接触华人的工作人员或在中资公司工作的雇员提供一个学习汉语的平台，也满足了在巴华人以及他们的后代对学习汉语和中国文化的需求，从而为中国文化在侨社的延续和传承提供了有利环境。同时，为了落实2018年11月巴拿马总统访华期间两国签署的《中华人民共和国政府和巴拿马共和国政府民用航空运输协定》，中国国际航空公司开通了中国和中美洲之间首条直航航线北京—巴拿马城航线，中国公民赴巴拿马签证便利化政策也在逐步落地，这一系列新举措新政策，不仅为两国经贸交流注入新的活力，也将为两国人民往来提供更便捷的服务，还将进一步促进两国在文化旅游等领域的广泛合作。

两国建交5年来，"一带一路"正将大洋两岸的中巴两国更为紧密地联系在一起，不断开辟中巴关系新前景。

中国驻巴拿马首任大使魏强在接受采访时指出，共建"一带一路"

利在双方，巴拿马成为最早同中方签署共建"一带一路"谅解备忘录的拉美国家，并非偶然。建交以来双边关系迅速起步，呈"井喷式"发展态势。中国是巴拿马运河第二大用户，是科隆自贸区第一大货物供应国。两国已同步启动了十几个合作协议，涉及经贸、投资、质检、海运、民航、金融、旅游、文化、司法等众多领域。巴方希望搭乘中国发展快车，并希望为"一带一路"倡议向拉美延伸发挥关键作用，实现丝路与运河的海上对接。中方欢迎巴方发挥自身优势参与"一带一路"建设，续写海上丝绸之路现代新篇。两国务实合作呈现旺盛活力和广阔前景。

魏强大使还指出，作为重要的地区物流、金融、航空、海运中心，巴拿马确实可以成为"21世纪海上丝绸之路"向拉美延伸的天然、重要承接地和桥头堡。中方"走出去"可通过巴拿马辐射拉美和加勒比地区，从而走得更远、更方便；巴方则可以通过与有实力的中国企业合作，吸引更多投资、技术，将自身的物流平台、贸易中心、金融中心、航运中心等地位打造得更加强大、更加具有竞争力。

魏大使特别强调，自2019年起，中国就已成为巴拿马第一大贸易伙伴，并长期保持巴拿马科隆自贸区最大商品供应国及巴拿马运河第二大用户的地位。2021年，中巴贸易额达113.4亿美元，同比增长22.5%，其中巴对华出口增长近148%。目前有超过40家中资企业在巴拿马开展经营活动，其中20家已在巴拿马设立区域总部。

不仅如此，两国的人文交流也高潮迭起。建交伊始，中巴签署文化和教育领域合作协定，促进了两国在文化、艺术、教育、旅游、体育等领域交流合作。双方共同举办了中巴"丝路交响"音乐会、"欢乐春节"巴拿马全国性庆祝活动等数十项重要文化活动。

魏强大使说，中国高度重视巴拿马在世界经贸关系当中所发挥的独特作用，高度重视中巴关系，愿同巴方一道努力，充分发挥各自优势与潜力，深化互利共赢合作，携手发展，共创繁荣，并肩推进普惠、包容的经济全球化与贸易、投资自由化和便利化。

巴拿马驻华大使甘林先生说："我想强调并感谢，我们这一代巴拿马人，对于中国一贯为巴拿马人民争取主权斗争提供的大力支持，始终铭记于心。"

甘林大使认为，巴拿马的地理位置、巴拿马运河的存在以及巴拿马所拥有的全球性物流平台，都能为"一带一路"倡议的顺利发展以及向拉美及加勒比地区的延伸提供了充分的可能性。他还表示，期待优先扩大巴拿马的对华出口，包括农产品、海产品的出口等，也希望积极促进中国对巴拿马的投资，包括对基础设施、服务业及其他能提供高质量工作岗位的投资，从而提升巴拿马的生产力。此外，教育、科学和文化等领域的交流同样重要，这将有助于巩固两国关系、推动巴拿马的发展。

甘林大使用"高质量"来形容这5年巴拿马与中国的双边关系发展："持续的高层政治对话，签署多项旨在促进各领域合作的协议，巴拿马农产品进入中国市场，商业交流显著增加，开展多领域合作以及中国在抗击新冠大流行时给予巴拿马的支持等，这些都为巴拿马与中国的关系打上了积极而富有成果的印记。"他强调，"重要的是，这5年来两国相互信任、相互尊重、相互理解，为双边关系的不断深入和多样化发展奠定了坚实的基础，巴拿马和中国都从中有所收获。而未来巨大的增长潜力，可使两国进一步从中受益"。

2021年11月12日，巴拿马政府宣布，从2022年起，把中国农历新年定为巴拿马全国性节日，并将中国的春节庆祝活动正式纳入巴拿马的国际旅游推介计划中。消息传出，令旅居巴拿马几十万华人华侨为之欢欣鼓舞。

2018 年，巴拿马经济学家塔彼罗出版的新书《丝绸之路与巴拿马》，这是拉丁美洲第一本系统研究"一带一路"的专著，面世后即受到巴拿马社会各界的广泛关注，巴拿马的主流媒体也争相报道。书中，塔彼罗分析"一带一路"倡议的历史渊源和现实内涵，并阐述巴拿马等拉美国家参与"一带一路"建设将获得的实实在在的好处。

塔彼罗认为，共建"一带一路"是中国倡导构建人类命运共同体理念的伟大实践。作为国际航运中心和区域航空、物流、金融枢纽，巴拿马和中国是共建"一带一路"的"天然伙伴"，巴拿马将利用好区位优势，为加强"一带一路"建设发挥积极作用。他说，中国提出的"一带一路"倡议不是授人以鱼，而是注重增强拉美国家的内生发展动力。

塔彼罗特别指出，中国倡导"和谐互助""合作共赢"，这是中国得到国际社会认可和尊重的主要原因之一。中国与广大发展中国家携手应对贫困、饥饿、气候变化等共同问题，推动经济全球化朝着更加开放、包容、平衡、共赢的方向发展。塔彼罗得出明确结论：巴中开展的农业技术合作，能有效改善民生福祉。疫情发生以来，中方为巴方获取医疗设备和个人防护用品提供支持，并向巴贫困家庭捐赠粮食。"中国倡导可持续发展，坚定支持多边主义，全面推进南南合作，提出构建新型国际关系、构建人类命运共同体等重要理念，贡献了中国智慧和改善全球治理的中国方案。"

2022 年 6 月 13 日，是中国巴拿马建交 5 周年纪念日。巴拿马华商总会会长黄伟文在接受《南美侨报》专访时表示，祖国与住在国建立正式友好的邦交，对整个巴拿马侨界的社会地位和侨胞在巴拿马的生活有很大帮助。建交 5 年来，两国关系迅速发展，特别是在经贸方面，中国企业在巴拿马投资兴业，为巴拿马的基础设施建设发展做出很大贡献，获得了当地人的认可，为中国树立了良好形象。

图书在版编目（CIP）数据

巴拿马城传：跨洲连洋的沧海明珠 / 余熙著 . — 北京：外文出版社，2022.11
（丝路百城传）
ISBN 978-7-119-13025-5

Ⅰ . ①巴… Ⅱ . ①余… Ⅲ . ①文化史－研究－巴拿马城 Ⅳ . ① K747.03

中国版本图书馆 CIP 数据核字 (2022) 第 023426 号

出版指导：陆彩荣
出版统筹：胡开敏　文　芳
责任编辑：陈丝纶　李　香
封面图片：视觉中国
装帧设计：北京夙焉图文设计工作室　魏　丹
印刷监制：章云天

巴拿马城传
跨洲连洋的沧海明珠

余　熙　著

©2022 外文出版社有限责任公司
出　版　人：胡开敏
出版发行：外文出版社有限责任公司
地　　址：北京市西城区百万庄大街 24 号　　邮政编码：100037
网　　址：http://www.flp.com.cn　　电子邮箱：flp@cipg.org.cn
电　　话：008610-68320579（总编室）　　008610-68995875（编辑部）
　　　　　008610-68995852（发行部）　　008610-68996185（投稿电话）
印　　刷：北京盛通印刷股份有限公司
经　　销：新华书店 / 外文书店
开　　本：787mm×1092mm　1/16
装　　别：精装
字　　数：200 千
印　　张：14
版　　次：2022 年 12 月第 1 版第 1 次印刷
书　　号：ISBN 978-7-119-13025-5
定　　价：86.00 元

版权所有　侵权必究　如有印装问题本社负责调换（电话：68996172）